Puta informática

Leroy Brown

El ordenador nació para resolver problemas que antes no existían.

Bill Gates.

Si tú no trabajas por tus sueños, alguien te contratará para que trabajes por los suyos.

Steve Jobs.

Los ordenadores son inútiles. Sólo pueden darte respuestas.

Pablo Picasso.

Vivimos en una sociedad profundamente dependiente de la ciencia y la tecnología, y en la que nadie sabe nada de esos temas. Ello construye una fórmula segura para el desastre.

Carl Sagan

Pero, ¿Qué mierda de libro es este?

Mi padre.

Índice

Prólogo

- Ring, ring, riiiiiiiiiggg……
- ¿Sí?
- ¡Oyeeee……!
- ¡Queee….!!!
- ¡¡…mira niño!!…que no puedo imprimir…
- … pero... ¿quién eres?.
- .. pues Manuel coño… de Madrid…
- …ah… no te había conocido... (*miento para putearle*)
- ¿tiene papel?.
- Claro, se lo acabo de poner.
- Entonces, ¿se te ha quedado en la cola?.
- ¿Qué cola?
(*A este no le hago bromas que se cabrea.*)
- ¿Que si abres la cola de impresión y ves ahí el documento?. Si no, espera, que   me conecto…
- No, ya lo hago yo, ¿y cómo veo eso?
- Mira si tienes el icono de impresión al lado derecho de tu pantalla, cerca del reloj…
- No veo nada.
- Bueno, ves al botón Inicio / Configuración /Panel de con……
- Espera, espera,…….¿Inicio?, ¿dónde está eso….?
(*Madre mía, esto va a ser largo….*)

Hace tiempo que quería escribir este libro. A veces solía llegar a casa bastante asqueado, agotado o cabreado, despotricando de la informática y de los desgraciados que la inventaron y, mientras cenaba con mi mujer, le comentaba las anécdotas del día, y casi sin darme cuenta nos encontrábamos riendo, cosa que me ayudaba a relajarme y a intentar no tomarme tan en serio los problemas. De vez en cuando soltaba esa frase que todos hemos dicho alguna vez; 'esto es para escribir un libro' hasta que me dije: ¿Por qué no?, pues porque no sabes, además, eres un vago, y no tienes tiempo (claro, claro, excusas). Pero un día, de repente, fui a por mis notas y me puse con ello. Es increíble lo que engancha, realmente es un buen antídoto esto de plasmar tus pensamientos y experiencias en una hoja   de   papel. Deliberadamente he querido que este no sea un libro para informáticos, que también lo es y, por supuesto, muchos se sentirán identificados. En realidad es un libro para todo el mundo que haya trabajado de o con la informática, que hoy día somos casi todos. Libros de informática hay muchos, pero de informáticos pocos. He recogido anécdotas y situaciones verídicas con las que me he encontrado en estos casi veinte años siendo el responsable informático de varias empresas. No he querido utilizar expresamente demasiados tecnicismos para poder llegar al mayor público posible y siempre, o al menos así lo he intentado, he querido explicarlo con humor, con el mismo con el que yo intentaba tomarme las cosas. Tengo que señalar que he cambiado a conciencia algunos nombres y lugares, puesto que todavía trabajo en sitios en los que podrían identificarme y, aunque todo lo que voy a explicar es absolutamente cierto, hay personas, de alto cargo, a las que no creo que les hiciese mucha gracia que la gente supiese que "el ordenador no sólo se apaga apagando el monitor".

Siempre me ha dado mucha rabia empezar un libro y no saber hasta el capítulo 3 que Paco es el hermano de Pepa y Pepa a su vez es la que regenta la tienda de ultramarinos. Por eso, a riesgo de que a nadie le importe, quiero presentarme, decir quién soy, a que me dedico y, sobretodo, cómo caí en desgracia cuando decidí dedicarme a la puta informática.

Capítulo 1

El puto origen

Los dos días más importantes de tu vida son el día en que naciste y el día en que descubres por qué.

Mark Twain

Pensando ahora en el pasado creo que siempre he sido "del montón" en lo que a los estudios se refiere, el típico que va haciendo. Eso de ponerse a estudiar unas semanas antes no era lo mío. Siempre se me ha dado mejor improvisar que planificar las cosas. Era de los que estudiaba dos días antes del examen (sino la noche anterior) y la verdad es que he ido sorteando todos los cursos de la enseñanza obligatoria sin pena ni gloria. Quiero decir que lo iba aprobando todo, pero, ¡oiga!, con tranquilidad. Para mi sacar un 5 ya era haber cumplido sobradamente con el cometido, y así de orgulloso se lo decía a mis incrédulos padres.

- ¡¡Mirad!!, un "sufi" en mates…je,je…, genial, ¿eh?. Si es que cuando me pongo,   me pongo…

Lo malo es cuando cateaba alguno. Llevar un suspenso a casa era bastante vergonzoso, yo era muy consciente cuando me había esforzado y cuando no, con lo que la mayoría de las veces ya me esperaba el suspenso. Aunque, a decir verdad, también contaba con el factor suerte, a ver si rellenado por aquí y por allí, medio puntillo de esto y medio de aquello quizás hagan un cinco. A veces funcionaba y a veces no. Con las matemáticas siempre era no, ya que, con las matemáticas todo era el resultado, aquí no valía irse por las ramas. En cambio en naturales, sociales, etc… podías enrollarte lo que quisieras aunque no tuvieses ni pajolera de lo que te estaban preguntando, pero quizás, de diez líneas, dos tenían sentido y tenían algo que ver con la pregunta, así que, con suerte, podías arañar algo.

Ahora, siendo adulto, te das cuenta de lo nefasto del sistema educativo. Medir con regla el cerebro de todos los niños por igual entre 0 y 10 es esperpéntico. Cada niño desarrolla su potencial de diferente manera. Se penalizan los errores cuando estos forman parte esencial del aprendizaje y se premia al que mejor memoriza, no al que más aprende. La educación debería ser personalizada y orientada a lo que te vas a encontrar en la vida real. Hace falta más educación práctica, financiera, tecnológica y humana. Si sobra tiempo ya haremos raíces cuadradas, operaciones que todos hemos hecho en nuestra vida cotidiana, ¿verdad?.

Fue en mi época de EGB, a mediados de los maravillosos 80 cuando tuve mi primer contacto con la informática. Por aquellos años la consola de Atari con su famoso juego de la pelotita era lo poco que podías tener como "ocio digital" en tu casa, al menos en España, y, claro, eso quien se lo pudiese permitir. Pero irrumpieron los ordenadores domésticos, los Spectrum, MSX, Sinclair, Amstrad, Canon, etc… tenían el aspecto de un teclado gordo y debías conectarlos a una televisión por medio de un adaptador, así como tener un casette para poder cargar los juegos. El primero que vi fue el de mi primo. Mis tíos le compraron un Canon V20 y un par de juegos, "Máxima" y "El samurái Ninja". Recuerdo la primera vez que vi ese cacharro. Mi primo puso la cinta del juego en la casette y escribió algo en la pantalla. Aquello empezaba con un pitido y finalmente un "…eeennnhgg…" que terminaba en seco. Si en la pantalla ponía "Found" es que íbamos bien, y el juego empezaba a "cargarse" con un ruido metálico y constante que emitía el radiocasete mientras veías parpadear la pantalla. Dependiendo del juego podías esperar de cinco a diez minutos. Mientras tanto, hablabas de algo, te ibas al lavabo o te preparabas la merienda. Que tiempos. Esos ratos ya los asumías como algo normal. Si tenías pensado jugar nada más levantarte lo primero era encender el ordenador y cargar el juego, para que fuese haciendo. Luego ya podías ir a mear y lavarte la cara incluso prepararte el desayuno. Mientras estabas en una de estas tareas ya escuchabas a lo lejos en tu habitación la musiquita del juego de turno, señal de que ya se había "cargado" y todo estaba listo para el "vicio". Por eso, aún hoy día, cuando algún usuario malhumorado que suelta aquello de "mi ordenador va lento" recuerdo aquellos años y sonrío para mis adentros. Recuerdo algunas de nuestras conversaciones en aquellas esperas en las que especulábamos sobre el futuro de los ordenadores. Decíamos cosas como:

- ¿te imaginas que un día podamos jugar a dobles pero tú en tu casa y yo en la mía al mismo juego?.

- ¿o que yo te llamase desde el ordenador y nos pudiésemos ver las caras como en 2001?.

- ..si,,ja,ja,, y yo en calzoncillos je,je….

Cómo íbamos a imaginar entonces que estos y otros "prodigios" se iban a convertir en realidad gracias a Internet, qué lejos estábamos entonces   y   que   cerca   a   la   vez. Por supuesto no tardé en pedir un ordenador a mis padres, para "estudiar mejor", ya se sabe; cuando todos los de mi generación saben que el único motivo por el que queríamos un ordenador era sólo uno, para jugar. Me lo trajeron una mañana de Reyes Magos. ¡Qué gran día!. Me compraron un Philips MSX con unas potentes 80k de memoria, cuando los demás ordenadores solían rondar los 64k. También traía un maletín con nada menos que 10 juegos y 10 aplicaciones educativas, así como el necesario casette para poder cargarlas. ¡Qué pasada! Lo conectamos a una vieja tv en blanco y negro que pusimos en mi cuarto y ese fue mi primer "rincón digital".

Cuanto añoro aquella época, despreocupada y feliz. Entre semana nos grabábamos los juegos los unos a los otros en el cole y entre los amigos de la calle, y el fin de semana nos enviciábamos con ellos. Era curioso porque también jugábamos mucho en la calle, combinábamos perfectamente las dos cosas, era algo natural. Por eso hoy día, cuando los medios de comunicación se "alarman" y comentan que culpa de las consolas e Internet los niños ya no juegan o no se relacionan meneo la cabeza sonriente, porque eso ya se empezaba a decir en mi época. No es culpa de la tecnología, si no de educación. Hacer ver al niño que chutando la pelota en la calle o haciendo una guerra de pedradas puede ser igual de divertido que la consola. Pero, si nosotros mismos le decimos que no vaya a la calle porque hay muchos coches y mucha gentuza ¿qué va a hacer ese chaval?¿leer a Shakespeare?. Luego no queremos que esté todo el día con la consola o la Tablet, pero se la hemos comprado para que nos deje tranquilos. Educación simplemente, hay tiempo para todo. Nosotros a ratos íbamos a casa de alguno a jugar o venían a la mía y luego nos íbamos a hacer el tonto a la calle. Eso sí, los sábados a las 19h de la tarde había parada obligada, todos salíamos corriendo a nuestras casas a ver el capítulo semanal de 'V' o el "Equipo A", luego volvíamos a salir a la calle a comentar el capítulo que habíamos visto hasta que nuestras madres se asomaban al balcón y nos chillaban que se había acabado la fiesta y que subiésemos a cenar. ¡Ay, que pocas preocupaciones teníamos entonces!.

Al mismo momento que los ordenadores domésticos se hicieron populares empezaron a publicarse numerosas revistas del medio. Nosotros nos comprábamos la MSX, de la que todavía conservo varios números. En ella venían novedades en juegos, accesorios, tecnología y páginas con largas líneas de código en Basic por si querías ponerte a teclearlo y crearte tú mismo la aplicación o juego que te proponían. Recuerdo que me juntaba con mi primo y, mientras uno iba leyendo las líneas, el otro iba tecleando; nos íbamos turnando cuando uno se cansaba. Así nos pasábamos una mañana o tarde entera. Cuando por fin habíamos terminado de transcribir todo el código procedíamos a ejecutarlo y... ¡¡¡mierda!!!, nunca funcionaba a la primera, o nos habíamos saltado alguna coma o espacio o los cabrones de la revista se habían equivocado y aquello no funcionaba jamás. Podía parecer toda una tarde tirada a la mierda, pero nosotros no lo veíamos así, habíamos compartido una meta y nos habíamos ilusionado y especulado con lo que nos íbamos a encontrar cuando terminásemos el código y, cuando no funcionaba, pues bueno, a por otra Coca-Cola y ver 'Tocata'. Nuestra mentalidad era de todo menos derrotista, siempre le veíamos el lado bueno a todo, creo que, sin pensarlo, es lo que les pasa a todos los niños, si un juguete se les rompe se cabrean un momento pero enseguida buscan un substituto, es fácil para ellos desconectar totalmente y pasar a otra tarea, siempre en busca constante de diversión, y esa es una faceta que pierdes cuando creces. Con el tiempo y sin quererlo aprendimos lo que hacían determinadas instrucciones y sabíamos colocarlas en su sitio para que el programa, al ejecutarse, hiciese algo determinado. Cuando un código no funciona y se detenía en la línea errónea nos sorprendíamos a nosotros mismos cambiándola por otra ver si así funcionaba, y muchas veces lo conseguíamos. Aprendimos a programar en Basic sin proponérnoslo. Cómo fluyen las cosas cuando no tienes ningún tipo de presión. Aquellos años fueron muy divertidos. A la par que la informática descubrí la música y el cine y la combinación de esas tres cosas creo que puede ser una buena forma de describir mi personalidad.

Mientras tanto, así, a trancas y barrancas, me fui sacando el EGB. Llegó el verano de 1987 y la hora de decidir si hacer BUP o FP (Formación Profesional). En mi época hacer FP era algo marginal, se daba por sentado que allí iban a parar los que no servían para estudiar, o los que se habían quedado sin poder entrar en BUP por lo que fuese. FP era aprender un oficio y BUP era prepararte para una carrera, aunque después de 5 años de FP podías también acceder a ella previa selectividad. Yo, en mi línea habitual, no tenía ni idea que hacer. Visto ahora es muy injusto, esa decisión marcó mi vida. Prácticamente todavía estás jugando con cochecitos y ya te preguntan a qué quieres dedicarte el resto de tu vida. Como decía aquel:

- ¿Qué quieres ser de mayor?

- Ah…pero, ¿es que no voy a ser yo?

Siempre he envidiado a la gente que lo tiene muy claro desde pequeños, porque lo que es yo, nunca lo he sabido. Es más, ya estoy en la cuarentena y todavía no lo sé. Pero había que decidir si quería ir a la universidad o decantarme por un oficio y empezar a aprenderlo ya en FP. Y ahí entran unas figuras decisivas: tus padres. A ellos se lo debes todo y los tienes en un pedestal, son la sabiduría absoluta personificada, les obedeces y te dejas guiar casi sin rechistar.

- Mira –dijo mi padre- como no tienes ni idea ¿Por qué no hechas una solicitud en un cole de BUP y en otro de FP y el que te coja pues a ese vas?, luego decides.

Supongo que no es la forma más ortodoxa de decidirlo pero a falta de ideas mejores así lo hicimos. Lo gracioso del caso es que me cogieron en los dos, así que volvíamos a estar como al principio.

- Pero vamos a ver –decían mis padres- ¿algo te gustará hacer no?, ¿Qué te gustaría ser de mayor?

- Pues… es que no losé - decía yo con cara de tonto…

- Pues hijo, eres un caso único… ¿quieres sacarte una carrera?

- …bueno…

- ¿Cuál?

- ….no se…

- Joder, vaya niño…

Investigando sobre el tema de FP nos informaron de que primero eran dos años de estudios "generales" y pasados esos dos años ya sí debías escoger la especialización u oficio y cursarlo durante otros tres años, así que no tenía que escoger ahora, cosa que me alivió.

- Pues mira – dijo mi padre – como estudiar no se te da demasiado bien si quieres haz FP que se supone que es algo más suave que BUP y así tienes dos años más para saber qué quieres hacer. Además siempre puedes pasarte a BUP para realizar una carrera.

- ..vale…

Como ve el lector no es que no me importase mi futuro, es que no tenía ni puta idea de que hacer, me parecía una decisión muy bestia, pero a falta de otras sugerencias mejores me apunte a un cole de FP donde curse dos años sacándome el título de "FP1-Técnico especialista delineante". ¿Porqué "delineante"?, porque cuando terminabas te preguntaban si querías que en el título figurase eso o mecánica. Era igual, tan solo un mero trámite, pero la ley les obligaba a poner algo. Yo escogí "delineante" porque sonaba más "chic".

Al final del segundo y último año de FP1 nos vinieron unos señores se supone para asesorarnos sobre que salidas teníamos. Yo, lo que sí sé, es que he sido siempre una persona que se pregunta el porqué de todo, me gusta mucho la historia en general porque simplemente me ayuda a obtener respuestas sobre las eternas preguntas de quienes somos y adónde vamos. Por eso, casi por diversión, me empezaron a atraer cosas como la arqueología, la astronomía, etc…, todo para intentar averiguar quién era y qué debía hacer en este mundo. En una de estas charlas nos preguntaron a cada una si habíamos pensado que queríamos ser. Me dio un arranque y me sorprendí diciendo que quería ser arqueólogo o historiador. Algunos se rieron. Por entonces todo el mundo quería hacer electricidad, mecánica, administración y cosas así y mi comentario les chocó. También les comenté que me atraía una especialidad en FP que era "Imagen y Sonido". No tenía ni pajolera de que se trataba pero como me gustaba la música y el cine me pareció como algo que podía englobarlo todo. Llegué a mi casa explicando las dos cosas que quería hacer. Tuve una larga charla con mis padres; ellos no estaban muy convencidos de lo que había elegido, simplemente porque, en aquel momento, no lo veían como una salida laboral clara. ¿Qué se suponía que iba a hacer con la arqueología?, ¿dar clases en alguna universidad? o, con mucha suerte, ¿viajar por ahí cuando alguien tuviese dinero para financiar alguna expedición? Dicho así no parecía muy interesante, ni siquiera algo de lo que poder vivir. Y, en cuanto a "Imagen y sonido", ¿qué era eso?, ¿ser cámara de tv?, ¿técnico de sonido en conciertos o programas de radio? ¿Qué salida o proyección de futuro tenía eso? Mi joven mente no podía en esos momentos razonar algo positivo, yo tampoco sabía que salidas tenían esas especialidades, tan sólo sabía que parecían interesantes. Mis padres no intentaban quitarme esas ideas de la cabeza, si no que les razonase el porqué. Al cabo de un rato mi padre hizo la gran pregunta cuyas consecuencias han marcado toda mi vida:

- ¿Y por qué no haces informática? ¡Dicen que es "el futuro"!.

En aquel momento tan sólo me vino a la memoria estar al frente de mi MSX jugando, lo relacioné con diversión y como algo para lo que me sentía capacitado. Pobre imbécil.

-… Bueno… – Dije con una especie de entusiasmo moderado.

Capítulo 2

Los putos estudios

La verdadera ignorancia no es la ausencia de conocimientos, sino el hecho de negarse a adquirirlos.

Karl Popper, filósofo.

Buscamos un centro de FP2 cerca de mi casa en donde impartiesen informática y me inscribí en uno en el que hacían "Informática de gestión". ¿Qué era eso de "gestión"?, ni idea, yo pensaba que la informática era informática, y punto.

Nada más empezar el curso me di cuenta que me había metido en algo que era de todo menos divertido. Entonces no lo sabía pero había escogido sin querer especializarme en programación. Al lector le puede parecer un tanto caótica la manera en la que descubría las cosas. Hoy día, con toda la información a la que poder acceder en Internet y la cantidad de recursos que hay es fácil poder informarse sobre los contenidos de cualquier curso, las salidas laborales que tendrá, que tipo de profesores los van a impartir, pedir opiniones, etc... pero entonces no había absolutamente nada, tan solo la pequeña charla que te daba el director del cole de turno haciendo publicidad de lo bueno que era su centro y poco más. Por eso, a más de uno se nos ponía cara de tonto al descubrir donde coño nos habíamos metido.

Al principio pensé que era más tonto de lo que me imaginaba, pero ahora entiendo que el verdadero motivo era que la enseñanza y el nivel docente en ese centro en concreto dejaba mucho que desear. Los profesores eran dinosaurios sacados de algún baúl polvoriento que se dedicaban a bombardearte, sin ningún interés por tu

18

aprendizaje, con cientos de líneas de código de lenguajes casi obsoletos que tú intentabas captar y plasmar en tu, ya entonces, antediluviano 386 de pantalla en fósforo verde y disco de 5,25" con el que te obsequiaban. No me habían proporcionado ninguna base, prácticamente me habían puesto enfrente de aquel PC y, después de enseñarme lo que era un diagrama de flujo en diez minutos me pusieron a teclear código casi de forma mecánica. Yo, que lo único que conocía de la informática era el catálogo de juegos de MSX y algo de Basic, no conseguía adivinar qué coño estaba haciendo ni para que servía. Durante aquellos años me "enseñaron" Cobol, RPG2, Ensamblador, y demás mierdas que no he utilizado jamás. También estas asignaturas se alternaban con otras materias como "matemáticas especiales", "arquitectura de los ordenadores" y otros temarios "extraños" y de más que dudosa utilidad. Aquellos tres años fueron muy raros. Se juntan varias cosas en tu vida, la adolescencia, una profesión que no estás seguro de que sea la de tu vida, sentimientos de estar perdiéndote algo, etc...

Pero, a pesar de la nefasta educación que recibí en aquel centro y gracias a mi cabezonería, conseguí sacarme el título de "Técnico especialista en informática de gestión" y... ¿ahora qué? Pues, por aquel entonces, había una cosa que todo hombre debía hacer en España sí o sí: la mili. Pensé que debía buscar trabajo. Creía que, de momento, ya había estudiado bastante, pero antes quería intentar quitarme de encima la dichosa "mili". Me tocó pasar 9 meses en Zaragoza en donde lo único útil fue que pude sacarme el carnet de conducir de camión. Después te encuentras bastante desubicado. Has desperdiciado un año de tu vida desfilando y haciendo el vago, has olvidado gran parte de lo que aprendiste hace más de un año atrás y, mientras, en el mundo de la informática han cambiado muchas cosas. ¿Qué hacía ahora? ¿Cuál era el siguiente paso? ¿Buscar trabajo?, pero buscar trabajo ¿de qué? ¿De programador en RPG?¿Ocho horas diarias tecleando código delante de una pantalla con lo que a mí me gusta que me dé el Sol? ¿De un lenguaje que cuando lo aprendí ya estaba en desuso? Pensé que el único remedio contra el "desfase" era ponerme al día. El problema es que, como cualquier adolescente, no tienes un duro para cursos, pero me comentaron que apuntándote al paro podías optar a cursos gratuitos de reciclaje. Así, durante un tiempo, alterné varios cursos de informática gratuitos con otros que me pagaban mis padres. Creo que debía ser finales de 1994 y un día, en el telediario, comentaron que dentro de poco saldría a la luz la nueva versión del sistema operativo de Microsoft; "Windows 95". Mientras estudiaba FP había visto algo de Windows 3.11, la versión anterior. Me pareció muy divertido poder hacer gran parte de las cosas con un par de clics, en vez de teclearlas tal y como estaba acostumbrado, pero no sé porque motivos apenas profundizamos en ello, supongo que entonces se prestaba más atención a la creación de programas mediante aquellos lenguajes o, simplemente y como he comentado, que aquel centro estaba más atrasado que el metro en hora punta.

En cuanto salió el flamante nuevo sistema operativo me dije que tenía que aprenderlo si es que quería encontrar trabajo. Y así lo hice. Me apunte a varios cursos de ofimática, diseño gráfico, alguno de programación, etc… y, al poder realizar las tareas en un entorno gráfico más amigable empecé a verle más la gracia al tema de la informática. Casi a la vez, la gente y los medios empezaban a hablar de una cosa increíble, algo sobre que los ordenadores podían conectarse entre sí y que podías acceder a cualquier información que quisieras desde cualquier parte del mundo. Para ello se utilizaban unos programas que se llamaban "navegadores" y que poniendo alguna palabra o palabras en buscadores te salían cantidad se sitios que hablaban de ello. Estos sitios se llamaban "páginas web" y las hacían la gente y las empresas. De esa manera asistí al "boom" de Internet, a la popularización definitiva del medio y que ya nunca más se detendría.

Pero, ¿qué mierda es eso de "internet"?, me decía. Creo que, por aquel entonces, ya caí en algo en lo que me he repetido varias veces y ha provocado mi relación amor/odio con el mundo de la informática. Me dije:

- Joder, más cosas nuevas, ¿es que esto no se va a acabar nunca? ¿no tiene fin? ¿voy a tener que estar toda la vida actualizándome sin descanso?

Pues sí majo, ¿qué te creías infeliz? Pero ya se sabe, uno es joven y me dije: "pues vamos a aprender que es eso de internet".

- Papá. Quiero apuntarme a un curso de Internet, pero vale 30 mil pelas al mes. ¿Cómo lo ves?

- ¿Interqué? ¿Qué eso?

- A ver cómo te lo explico… - Sí, una de las expresiones estrella de mi vida – Es un conjunto de servicios… una cosa importante de informática, ¿qué más te da?

- Buff, bueno. Si te va a servir de algo…

Mi padre claudicó y alegremente me apunte a un curso de Internet y sus servicios (www, chat, mail, etc...) así como de programación en páginas web con HTML. Mi gran proyecto de final de curso fue hacer una web de películas de terror al que era, y soy, aficionado, una especie de base de datos donde ponía las películas que me daba la gana por orden alfabético, su carátula, su ficha técnica y su sinopsis. Añadí un novedoso espacio para opiniones y para que la gente pudiese calificar las películas con estrellas. Para las carátulas y demás elementos decorativos de mi web me dedicaba a obtenerlos de otras webs. Nos pasábamos el "copyright" por el forro, pero estaba justificado, eran prácticas y había que ir rápido. Pensé que después podría aprovecharla para ir aumentando la base de datos y abrirla a todo tipo de cine, actores, televisión, etc... haría un gigantesco archivo de consulta sobre el mundo del cine, sonaba cojonudo. Pero ahí se quedó muerto de asco. Poco después, o quizás justo entonces, alguien hizo algo similar llamado IMDb. Mierda.

Aprendí un montón de cosas y me pasó algo que jamás iba a pensar que me iba a pasar aprendiendo, que me lo pasaba bien. Cuanto me arrepiento de no haber seguido por ese camino como el lector verá más adelante. Durante estos años he intentado hacer alguna web como distracción más que nada, pero siempre la he abandonado por falta de tiempo e interés, y es que, como decía mi "profesor de Internet", "no tengo web porque no tengo nada que decir". Y es que por aquel entonces el concepto "blog" no existía de manera popular como tal, y lo que hacia la gente es hacerse "su web". Cualquier imbécil con algo de ego tenía su propia web. Se limitaban a decir que eran "Manolo Montero", "el puyas" para los colegas, que le gustaban las motos, las chatis y el chándal de rayas; metían un par de gifs de culos y peos, una recopilación de chistes guarros y alguna foto suya sin camiseta.

Terminado el curso fui haciendo un poco de todo dentro del mundo de la informática, sin un rumbo claro, y ese fue el gran error, no especializarme en alguna rama en concreto, consejo que doy encarecidamente a algún inconsciente que quiera dedicarse al mundo de las teclas. Llegó un momento que consideré que ya había estudiado bastante y empecé a buscar curro de manera intensiva. Como antes no existía "Infojobs" ni nada parecido debías ir cada día al "Inem" a ver el tablón de anuncios y apuntar el teléfono o mirar los domingos en el periódico de turno a ver si venía algo decente. La verdad es que no buscaba específicamente de informática, sino cualquier cosa para intentar tener algunos ingresos.

Ahorraré al lector la de entrevistas idiotas que tuve que aguantar, la frustración y la desesperación que te invaden cuando no encuentras tu lugar en el mundo. Sin embargo, si me gustaría explicar algunos ejemplos representativos de lo que me encontraba. Seguro que te sentirás identificado con alguno.

Esto es muy curioso y un toque de atención a los responsables de personal. Buscando trabajo de informático, jamás, repito, jamás me hicieron una sola prueba sobre informática. En algunas entrevistas llegabas; te hacían entran en una enorme sala, y veías a 20 personas sentadas en mesas. Ocupabas una sin saber muy bien de que iba aquello y te dejaban encima un tocho de papeles con ejercicios psicotécnicos. Tenías una hora para resolver los típicos problemas de "completa la serie" con el dominó, figuras geométricas, etc..., vamos, que si eres un crack con el dominó seguro que eres el puto amo en informática. Y luego el típico test de preguntas sobre tu personalidad con varias respuestas ya establecidas para luego mirar la puntuación y ver qué tipo de bicho raro eres. Cosas como:

¿A veces te levantas con dolor de cabeza?

¿Sueles pensar que la vida es injusta?

¿Has tenido a veces ganas de pegar a alguien?

¡Pues claro que todo el mundo se levanta a veces con dolor de cabeza!; ¡claro que todo el mundo exclama al cielo alguna vez que vaya vida de mierda!; ¡pues claro que alguna vez le hubieses partido la cara a alguien!, ¿es que no somos humanos? Pero, por supuesto, tienes que mentir como un campeón. La hipocresía de este tipo de test de personalidad es mayúscula, ya que están basados en la sinceridad. Si la gente fuese realmente sincera no pasaba los test ni Gandhi.

¿Te gustaría dirigir una orquesta o tocar el triángulo en ésta?

Típica pregunta para ver si eras una persona extrovertida o introvertida. Si respondías dirigir una orquesta era señal de que no te importaba ser el centro de atención, que tenías dotes de mando y de dirigir equipos, si por el contrario respondías que tocar el triángulo eso era señal de que eras introvertido, que no querías destacar y te gustaba pasar desapercibido. Con el tiempo ya sabias a que venía cada preguntita. Por supuesto yo era el puto amo en dirigir orquestas, en las conversaciones siempre llevaba la voz cantante, era el alma de todas las fiestas, el que rescataba a los gatitos de los árboles, el que ayudaba a cruzar a las viejas en la calle, el que dirige al grupo si nos perdíamos en el bosque, el macho alfa, el que ante un hipotético apocalipsis dirigiría a la nueva humanidad a resurgir de sus cenizas.

En otras entrevistas te encontrabas con el típico entrevistador de manual recién licenciado en RRHH que busca intimidarte. Te formulaba las preguntas sin pestañear, con voz grave, como un robot, y luego te miraba seriamente esperando la respuesta y asintiendo muy despacio con la cabeza cuando terminabas de hablar, al mismo tiempo que buscaba la siguiente pregunta entre sus hojas. Recuerdo uno en especial. Parecía joven, con un gran mostacho sacado del siglo XIX, supongo que para hacerse más respetable y disimular su juventud, cara de psicópata y pajarita a cuadros. Sí, pajarita a cuadros, por eso me acuerdo. Seguro que si le hacen el test psicotécnico a él viene la ambulancia del manicomio a buscarlo. Durante la entrevista se me escapó una ligera sonrisa mientras me miraba fijamente preguntándome algo. No me estaba burlando de él, simplemente su teatralidad y mirada de loco me parecía surrealista. Sólo quería optar a un puesto de trabajo y aquello parecía algo entre un interrogatorio de la Gestapo y una sesión de espiritismo.

- ¿Le parece muy graciosa esta entrevista? – Me dijo más seriamente de lo que había sido hasta ahora, que ya es decir.

- No, perdone, es que…, no sé; se me ha escapado…

La verdad es que no supe muy bien que decir. Soy la típica persona que, cuanto más serio es un acto, más risa me entra. Pero si el tío no era tonto me imagino que ya sabría porque. Es imposible tomarse en serio un personaje así. No hace falta decir que no me llamaron. Y me alegro. Si la empresa tiene un tío así como seleccionador de personal no quiero ni imaginarme que otra clase de especímenes habría allí dentro.

Por entonces, (también ahora) había listos que se aprovechaban de tu desesperación a la hora de buscar trabajo. Te llamaban de algún sitio y asistías pensando que era una entrevista y te encontrabas con que te estaban intentando vender algún curso de lo que sea y luego, si eso, quizás entrarías a formar parte de la empresa. Cuando le decías que no tenías un duro te decían con todo el morro que se lo pidieses a tus padres. Salías indignado, gente así debería estar en la cárcel. Otros te decían que entrarías trabajando gratis unos seis meses y luego, si eras bueno, a lo mejor te cogían. ¿Seis meses necesitaban para descubrir si era bueno? Menuda mafia; esclavitud pura. Estos a la cárcel también.

Un día, un amigo, explicándole todas estas situaciones que me encontraba en las entrevistas y lo harto que estaba de buscar trabajo, me comento que su hermano se dedicaba justo a eso; a hacer entrevistas y a buscar candidatos para otras empresas. Me dijo que si quería podía hablar con él para que me diese algún consejo sobre cómo comportarme en las entrevistas, como redactar correctamente un currículum, etc... Ahora es muy fácil, Internet está lleno de recursos, videos y cursillos que pueden ayudarte a la hora de buscar trabajo, pero hay que recordar que entonces Internet sólo había empezado a despegar y todavía no estaba en la mayoría de hogares. Lo poco que tenías claro cuando acudías a una entrevista es que tenías que ir bien vestido, afeitadito y "comportarte" con educación.

Le dije que sí sin, la verdad, demasiado entusiasmo, ya había tenido muchas entrevistas y creía que lo sabía todo. Pero, para mi sorpresa, me hizo ver muchas cosas en las que yo no había caído. Era un entrevistador despojado de toda aura de superioridad, sincerándose y hablándote de tú a tú como una persona "normal". ¿Por qué no podían ser así todas las entrevistas? De todo lo que me dijo me quedé con una cosa, en realidad, quizás, muy evidente, pero que en parte me alivió y dio ánimos y que aquí expongo por si puede ayudar a alguien. Me explicó que en realidad, lo más importante es conseguir llegar a la entrevista, eso ya es un triunfo. Que te cojan o no ya depende de muchísimos factores, más de la mitad empáticos. El entrevistador o la empresa, aunque no lo reconozcan o incluso no sean conscientes de ello, ya tienen en su mente al prototipo de persona que quieren. Si tú no encajas en su estereotipo, en esa imagen ficticia que se han formado, no te seleccionarán. No es culpa tuya, quizás la entrevista ha ido de fábula y tu currículum es el mejor que han visto, pero igual no les caes bien, no han conectado, o eres demasiado alto o demasiado bajo, eres demasiado extrovertido o justo lo contrario, etc…, mil cosas. Simplemente porque el seleccionador, por más imparcial que se suponga que debe ser, es humano, y se fijará en las mismas cosas que se fija en su vida privada, aunque jamás lo reconozca. El error es creer que tus conocimientos o estudios no están a la altura; pensar que por eso no te han seleccionado y deprimirte. Gran error. Si has llegado a la entrevista es que sí estás a la altura, por lo tanto, si no te seleccionan, simplemente no encajabas en el estereotipo de empleado que habían idealizado. Así que me quedé con eso y a seguir adelante.

Al no encontrar ningún puesto de informático que me agradase, comencé trabajar de los más variados oficios y, si tengo que ser sincero, empezaba a olvidar que mi especialidad era la informática y que de ello debía buscar. De todas maneras, en las ofertas de informática, cada vez con más frecuencia, solicitaban el dominio de los programas y lenguajes más extraños, creo que es un poco como ahora, aprendes un lenguaje, sistema o conjunto de programas y esto va tan rápido que, cuando terminas, la comunidad se ha decantado por otro mejor y más potente. Por ello supongo que intentaba trabajar "de cualquier cosa" un poco decente y luego ya veríamos.

Así estuve unos dos o tres años, hasta que, por fin, encontré el trabajo que me haría amar y odiar la informática.

Capítulo 3

El puto curro

De las cosas que se pueden hacer con un ordenador, las más inútiles son las más divertidas.

Anónimo

En la primera empresa en donde trabajé de informático en un principio entré como auxiliar administrativo, puesto que la informática pertenecía a la rama administrativa (sí, este país es de traca) y, por consiguiente, también tenía este título. Vi un anuncio en el Inem (ahora se llama Sepe) que necesitaban un auxiliar y me apunté. Me llamaron para la entrevista y, cuando salí, pensé que no me iban a coger, ya que había sido una entrevista muy extraña, como a desgana, me dio la impresión de que les importaba un huevo la persona en sí o que el entrevistador lo estaba haciendo por obligación. Luego, cuando ya conocí a este hombre, entendí que era su carácter. De hecho estaba tan seguro que no me iban a coger que me fui derecho otra vez al Inem a ver el tablón de anuncios. En la entrevista le dije que necesitaba trabajar y que quería tener algo de experiencia, también que trabajaría sin cobrar porque necesitaba esa experiencia. Por supuesto mentía, como todo el mundo en las entrevistas. Me llegan a decir que no cobro y me largo, simplemente sabía que eso no iba a suceder y sólo procuraba mostrar lo que me interesaba el puesto. Me comentó que llamase al cabo de una semana para ver si me habían cogido o no. ¡Vaya morro!,- pensé -, encima quiere que llame yo. Pero bueno, así lo hice y me comunicó que me habían cogido. Me alegré mucho, pero la vez estaba nervioso de no saber   qué   me   iba   a   encontrar.

28

Estuve un año en ese puesto haciendo trabajillos administrativos, nada destacable. Había un informático, un tío raro, gafa-pasta, muy nervioso, parecía listo, de estos que son muy rápidos pensando. Cuando te hablaba te miraba de arriba abajo o miraba al infinito, parecía un poco "zumbao", vamos, que encajaba en el estereotipo de informático (sí, de esto también hablaremos más adelante). Pasado ese año llegó mi oportunidad. Es verdad eso de estar en el sitio oportuno en el momento justo. El "zumbao" se quería ir a otra empresa y, sabiendo que mi especialidad era la informática, me dijeron si quería ocupar su puesto. Por supuesto dije que sí, pero estaba un poco cagado, ya que había olvidado gran parte de lo que había aprendido, pero me alivio saber que el informático, antes de irse, me instruiría sobre como lo tenía todo montado.

Me mudé a su despacho y durante un tiempo me estuvo poniendo al día, aunque me dio la impresión de que no quería explicármelo todo, parecía que le diese rabia que llegase a saber lo mismo que él, cosa que no entendía porque, si se iba a ir, no sé qué leches le importaba. Llegó el momento en que se marchó y me quedé sólo ante el peligro. Mi trabajo consistía en mantener toda la informática y comunicaciones de la empresa, eso significa estar al cargo de los servidores, la red, el programa de gestión de la empresa, los teléfonos fijos y móviles, impresoras, fotocopiadoras, faxes, portátiles y pc's, dar soporte al personal, vamos, estar al cargo de todo lo que se enchufe y tenga botones. Sí, así es, en el mundo de la informática importa un huevo que no sepas nada de fotocopiadoras o móviles. Tú has estudiado I-N-F-O-R-M-A-T-I-C-A, no eres técnico en faxes, pero se ve que hay alguna norma no escrita donde la empresa te va a encalomar todo lo que los demás no se atreven a tocar, porque claro, si sabes arreglar ordenadores ¿por qué no vas a saber arreglar una destructora de papel? Un usuario de esta empresa me pidió una vez que, como era informático, porque no le echaba un vistazo a un viejo vídeo VHS que no le funcionaba bien....Ahora imaginate, querido lector, que entras en una empresa como contable y te encargan arreglar las calculadoras. ¿No sabe usted de números?, pues ale. Pues eso es lo que pasa con los informáticos.

A lo que voy. Teníamos cuatro delegaciones en otras ciudades a las que debía dar soporte, cosa que hacia telefónicamente o conectándome remotamente. Y todo esto reportando directamente a gerencia, aunque, como saben muchos informáticos, tienes tantos jefes como usuarios. Si amigos. En una oficina, por regla general, si trabajas en un determinado departamento, interactúas y relacionas con los compañeros de dicho departamento, raramente un administrativo o un comercial va hablar con los de almacén que están en la cadena de montaje y estos, a su vez, con los de marketing por ejemplo, etc.. , pero el informático no, el informático habla y se relaciona con todo Cristo, desde el Gerente hasta la mujer de la limpieza. Pues genial ¿no? Pues no. Cualquier miembro de la empresa se auto-otorga el derecho a exigirte prisa, sugerirte cambios, echarte la bronca si algo no funciona o lo que haga falta, que para eso eres informático y le tienes que solucionar todos los problemas. Es decir, una persona "normal" (sí; he llegado a calificar de "normal" a cualquier persona que no trabaje de informático) recibe broncas se su jefe más directo o de algún compañero, pero el informático en una sola jornada puede recibir tanta mala leche como llamadas le hayan hecho ese día por los más variados temas, aunque, como ya hablaremos, en la mayoría de los casos no sea culpa tuya.

Con el tiempo pasé por dos empresas más realizando más o menos el mismo tipo de trabajo. Ello me ha proporcionado un gran conocimiento sobre la materia, más que cualquier universidad o master podría darte jamás, y es que, si   quieres dedicarte a esto, nunca dominarás del todo el tema hasta que no lleves unos añitos tragando mierda y viviendo en tus carnes las formas más variadas por las que un cacharro puede amargarte la vida.

Y ahora, ya estás ubicado para que entremos de lleno en las anécdotas y situaciones con las que sufrí, reí e incluso lloré durante el tiempo que me he dedicado a la puta informática.

Capítulo 4

Antropología de los putos usuarios

Las máquinas deben funcionar y las personas, pensar.

Anónimo

Un hombre está haciendo un vuelo en un globo aerostático. Se pierde y decide descender y preguntar a alguien. Baja a unos 10 metros del suelo y pregunta a una persona que pasaba por allí:

- Por favor, ¿puede decirme dónde estoy?

- Pues mire, está usted en un globo aerostático, a unos 10 metros del suelo.

- Usted es informático, ¿verdad?

- Sí, ¿cómo lo sabe?

- Porque me ha dado una respuesta técnicamente correcta, pero que no me soluciona nada.

- Y usted es usuario, ¿verdad?

- Pues sí, ¿cómo lo sabe?

- Porque está igual de perdido que antes, pero ahora me echa la culpa a mí.

Antes de continuar conviene detenernos y analizar o clasificar los tipos de persona/usuario con las cuales, tú, como informático que te relacionas con todos, te vas a topar en tu día a día laboral. En muchos aspectos, la empresa, recuerda al cole; también en los tipos de personajes que nos vamos a encontrar. Al igual que en cole en cada clase había el empollón, el graciosillo, el tonto, el listo y el chulo, en la empresa pasa algo parecido. Hay muchos tipos, pero esta clasificación que voy a detallar es quizás la más común y que con más frecuencia vas a encontrar en una empresa, puesto que, vayas donde vayas, siempre hay, fijo, alguno de estos.

El listo

Este usuario se caracteriza por intentar y, lo que es peor, creerse, que sabe más que tú de informática. Simplemente, o bien porque le gusta, o bien porque es un crack bajándose pelis y a reinstalado Windows un par de veces a su cuñado y piensa que informático puede serlo cualquiera.

- Ring, ring, riiiiiiiiiiggg……

- ¿Sí?

- Oye, que me aparece un aviso extraño en el navegador. Iba a darle a aceptar pero he preferido llamarte por si acaso.
(*Ya es raro que no haya hecho lo que le haya salido de los cojones*)

- Vale…, ya veo, no es nada importante, es porque…

- ¿Oye?, y digo yo… - interrumpe
(*Ya empezamos*)

- ¿Por qué tenemos Internet Explorer y no Firefox? Yo lo tengo en casa y es una pasada. Tienes varios plugins que puedes,.. blablablá... y no se cuelga tanto como Explorer porque, blablablá... porque ya sabes que estos de Microsoft son unos cabrones que, blablablá……

- Claro, claro,… ¿de verdad quieres que te lo explique?...

- No, si es por dar ideas. Además si corre con Ubuntu ya ni te cuento. Yo tengo Linux en casa porque blablablá…, todo es gratis y además nada de virus porque, blablablá, porque Windows es un mierda y las licencias valen un huevo y además blablablá….

- …buff,… ya, pero en tu casa no es lo mismo que llevar toda la informática de una empresa, en una empresa….

- Ah, ¿sabes? – vuelve a interrumpir – el otro día hice una virguería de video editándolo con Adobe Premier ¿sabes cómo va? ¿lo has usado?

- … no, sé lo que es, pero no lo he usado…
(*No sé para qué cojones le doy explicaciones*)

- ¿¿¿Ah no??? – responde con una mezcla de cínica alegría y sorpresa.

(Aquí el listo ha triunfado, hoy no duerme porque ha descubierto que sabe más que el informático. Es el puto amo con Adobe Premier y el informático no)

- Pues no. ¿Te crees que domino todos los programas que existen en el planeta con sus respectivas versiones desde que el mundo es mundo?

- No, ya; era por si lo sabías…

Pero lo peor del listo no es que vaya "de listo", valga la redundancia, sino que, debido a su desmedido ego, puede ocasionar grandes destrozos en su máquina, y como consecuencia, darte trabajo a ti. Es muy habitual que el listo tenga el escritorio de su PC tuneado a su gusto y, por sus huevos, haberse instalado todo tipo de aplicaciones para sincronizar su móvil personal, añadir emoticonos en los correos electrónicos o realizar apagados automáticos en su PC. No le digas luego que lo desinstale.

- ¿Y porque?
(Te mira con falsa sorpresa)

- Pues porque no está permitido instalar nada que no necesites para tus tareas diarias, ya lo sabes.

- Esto lo tengo en casa y va muy bien, por eso me lo instalo en mi equipo…

- Es que no es tu equipo, es de la empresa y es mi responsabilidad que todo funcione correctamente. ¿Verdad que si te falla me llamarás? ¿qué te parecería que te dijese que, como te has instalado tus mierdas sin pedir permiso, ahora te lo arreglas tú? ¿y si eso que te instalas lleva consigo virus y demás porquerías e infectas toda la red, que?

Al final, todo se resume a una gran falta de compañerismo, a no tener respeto por el trabajo de los demás. Luego, ciertamente, pagan justos por pecadores, ya que, para evitar la picaresca, te ves obligado a limitar los permisos de las máquinas no dejando ni que se cambien el fondo de pantalla. No te gusta, pero si algo va mal, es a mí a quien van a pedir explicaciones.

El tecnológico

Se diferencia del listo en que siempre va a la última en móviles, tablets y accesorios en general y, según él, su casa está llena de los últimos cachivaches del marcado. No te sugiere cambios ni cree saber más que tú como el listo, simplemente le gusta alardear de lo último que se ha comprado, y, como piensa que el resto de compañeros de la empresa no va a saber apreciar sus últimas adquisiciones, te come a ti la olla seguro de que le vas a felicitar por ello. Dentro de su necesidad continua de alardear tiene especial debilidad por los cacharros más caros, especialmente Smartphone's, siendo, por supuesto, de los primeros en tener la última versión del IPhone del mercado. Su gran error, y en esto sí se parece algo al listo, es creer que puede configurarse e instalarse todo tipo de porquerías en su IPhone de empresa (porque a este hay que equiparle con IPhone, porque si le das un Smartphone de gama media se le

35

puede en gangrenar la oreja) simplemente porque lo utiliza en su dinámica y tecnológica vida privada. El autoproclamarse tecnológico cree que le da carta blanca y autoridad para hacérselo todo él solito, va de sobrado y no necesita al informático para nada… hasta que se le jode algo, claro.

Nuevamente hay que explicarle que no, que el IPhone no es suyo, es de la empresa, y aquí se trabaja de una determinada manera y el correo lo configuramos nosotros y se instalan únicamente las App's que se han acordado instalar. No por joder, simplemente porque así se ha acordado con gerencia y porque, si no le funciona bien, me lo va a traer a mí para que lo arregle.

- Ring, ring, riiiiiiiiiiggg……

- ¿Sí?

- Hey!!, ¿Qué pasa?... ¿ya has visto el IPhone X? ¿te lo vas a comprar?

- ¿Yo?, que dices, ni loco me gasto 900 euros en un puto teléfono.

- Como eres informático pensaba que te molaría tenerlo…

- Claro, como soy informático me tengo que comprar todo lo que salga…

- Pues yo si me lo gasto, a mí me encanta la tecnología, ya sabes, …

- No,.. si a mí también me gustaba, pero cuando estás al cargo de 80 teléfonos, 150 PC's y 10 servidores con sus respectivos problemillas, como que le vas cogiendo un pelín de manía…

- Ya, bueno. Pues es una pasada, porque tiene blablablá y muchos blablablá y además blablablá…
(Aquí ya empiezas a resoplar y a mirar el reloj de reojo)

- Dime una cosa - le interrumpo para joder – dime que puedes hacer con un teléfono de 900 € que no pueda yo hacer con el mío de 100 €.

- Bueno, sí, seguro que casi todo. Pero es tener un buen aparato, los materiales, el prestigio de la marca y blablablá….

Dentro del perfil de usuario tecnológico tenemos dos subgrupos, los que les gusta la tecnología y al menos se defienden, y los que les gusta pero son unos negados. Estos son los peores y son los que más se acercan al perfil del listo.

El cansino

- Ring, ring, riiiiiiiiiggg……

- ¿Sí?
(*Joder, vaya día…*)

- ¡¡¡Esto es una mierda!!!

- ¿El qué? ¿tu PC? ¿la vida? ¿el universo?...

- El puto Outlook., que se cuelga…

(Aquí chequeas el problema y lo resuelves, pero esto no es el tema que nos ocupa)

- Que mierda de programa. Así no se puede trabajar. Vosotros, como departamento de informática deberías proporcionarnos las herramientas adecuadas para poder realizar nuestro trabajo y blablablá…

(*Madre mía, como cuesta mantener la compostura…*)

- ¿Cómo?, perdona pero las herramientas ya las tienes. Justo las que necesitas, y todos tenéis lo mismo. Que tengas un problema puntual con ellas es lógico y habitual, si no fuese así no existirían los informáticos.

- En la otra empresa donde estaba tenía el programa supersoftwarequetecagas y también supersoftwarequetecagas versión "la polla" y era cojonudo, todo iba de puta madre.

- Pues tan de puta madre no sería todo cuando saliste de allí pitando…
(*Sí, golpe bajo quizás, pero empezó él*)

El cansino se caracteriza por darte la brasa diariamente sobre cualquier pequeña incidencia que tenga en su equipo y en el de los demás. Se autoerige portavoz tecnológico de todo su departamento. Le encanta quejarse de todo. Piensa que ha venido al mundo exclusivamente para ello. Persigue un imposible, y es que su PC sea la máquina perfecta que nunca falla, que nunca se ralentiza y que las ventanas se abran en las milésimas de segundo exactas. Ya me gustaría a mí, pero eso no existe. En su opinión, su PC, siempre va mal, y luchará diariamente para que se lo cambien; hasta pasados unos meses, que volverá a la carga. El cansino tiene, además, un horario fijo para llamarte. Por las mañanas se dedica su trabajo y por las tardes es cuando te llama para darte la vara. Es como si durante el día hubiese recogido y anotado todos sus problemas para por la tarde, cuando ya ha hecho todo su trabajo, soltártelos todos de golpe para que te vayas contento a casa.

El esparcemierdas

Este sí que es un listo y no *el listo*. Tiene la habilidad especial de endiñar su trabajo a los demás de la manera más sutil y sin que te enteres. Basta con que una pequeña parte de su trabajo diario esté relacionada remotamente con otro departamento para que intente pasar el muerto. En lo que respecta a la informática es mucho más sangrante, ya que, ¿qué no está relacionado hoy día con la informática? Por eso hay que tener especial cuidado con estos espabilados.

- Ring, ring, riiiiiiiiggg……

- ¿Sí?

- Mira, que a ver si me puedes "ayudar" a hacer esto en Excel. Quiero que el total de esta columna blablablá, se copie a la segunda hoja directamente en rojo y blablablá… y luego estos resultados me tienen que salir en un Word para combinar correspondencia y blablablá…

- …eehhh…, bueno, se trataría de blablablá…

(Amablemente pierdes el tiempo en darle explicaciones y orientarle por dónde tiene que empezar)

- Uy… parece complicado. Mira, lo pongo en la carpeta Comercial, me haces unos de ejemplo y me avisas cuando lo tengas.

- ¿Cómo?, a ver, ya te he dicho más o menos por dónde van los tiros. Investiga un poco e inténtalo tú.

- Pero es que yo no me aclaro y seguro que tú vas más rápido.

- Ya, pero es que este trabajo no es mío, te lo han mandado a ti. Ya te he orientado como puedes empezar a hacerlo.

- ¡Que cabrón!, pues vaya soporte que das…

(Como el esparcemierdas no ha conseguido su objetivo desplegando su encanto, prueba de una manera más agresiva empezando a faltar al respeto.)

- Oye, perdona, mi trabajo es que tú puedas hacer el tuyo, no hacértelo, ¿está claro?

- Esto es informática y es parte de tu trabajo porque...

- No, eres tú el que tiene que hacerlo que para eso te han contratado. El ordenador te va bien y tienes las herramientas funcionando para ello. Esa es mi parte. No voy a hacer tu trabajo. Si no te parece bien ves a papá pitufo (el jefe) y se lo dices.

(Esto de mandarlos al jefe cuando se ponen farrucos no falla)

-Bueno…, ya veré lo que hago…
(¡Ah!, ahora si lo vas a intentar, ¿no?)

Por supuesto, cuando empiezas a trabajar por primera vez en esto del soporte informático, pecas de buena persona, intentas demostrar que eres un crack y lo sabes todo, te satisface poder ayudar a los demás e intentas llevarte bien con todo el mundo y gustar a todos. Pero con el tiempo te das cuenta que la frontera entre dar soporte por un determinado problema y hacerles el trabajo es muy delgada. Empiezas a distinguir al currante del jeta esparcemierdas, y entonces caes en la cuenta que estás haciendo el primo haciéndoles el trabajo. Como todo, es duro; pero hay que aprender a decir que no.

Conocí a un verdadero profesional, el campeón de los esparcemierdas, el puto amo en "delegar trabajo". Como yo ya lo tenía calado ya no intentaba nada conmigo, pero sí con el resto de compañeros de diferentes departamentos. Un día, sonriendo y como si no quiere la cosa, soltó delante de unos cuantos:

-Mi objetivo en esta empresa es que todo el mundo trabaje para mí. – manos en la espalda y media sonrisa picarona.

Algunos se lo tomaron a broma. Pobres ingenuos. No es casualidad que se "jubiló" a los 53. Demandó a la empresa por "mobbing", cosa, por supuesto, totalmente falsa, más bien era él el que se lo hacía a los demás para que le hiciesen su trabajo. Llegaron a un acuerdo y se fue de la empresa con ciento y pico mil euros, en parte, por todos los años que llevaba. Toda la vida sin dar golpe, jodiendo a los demás y luego se prejubila como un campeón. Da rabia, parece que cuanto más cabrón eres más suerte tienes.

La habilidad y sutileza del esparcemierda es sorprendente, imagino que debido a los años que ha dedicado a pulir su técnica. A veces, por más alerta que estés, sus giros son magistrales.

Recuerdo un verano, antes de las vacaciones, que teníamos que modificar las firmas de correo de todos los Outlook's de la empresa cambiando unos logos y texto. Asistimos a la reunión el director, la esparcemierda (una chica en este caso) que era la responsable de marketing y el pringado que te habla. El jefe nos dijo a los dos que antes del día 5 de agosto debía estar hecho. Por nada en concreto, simplemente porque a los jefes les gusta poner fechas límite. Como era algo relativamente fácil, pero tedioso de hacer, podíamos hacerlo los dos, así acabaríamos antes. La esparcemierda le comentó al jefe que no se preocupase, nos daríamos caña y lo tendríamos a tiempo. Yo le comenté al jefe que no había problema, tenía vacaciones a partir del 15 de agosto. La esparcemierda no dijo nada. Eso era un 29 de julio. El día 1 de agosto por la mañana abro mi correo y veo un mail de la esparcemierda recordándome que hay que hacer lo de las firmas y que el jefe lo quiere para el día 5, ya que ella… ¡se va de vacaciones! Mejor dicho, ya se había ido. Envió el correo el día 31 muy tarde para que yo no lo viese hasta por la mañana, cuando ya se había ido. ¡Qué gran compañera!, aunque se hubiese ido de vacaciones hubiese tenido, al menos, un par de días para hacer algo, pero como sabía que se iba se calló para no hacer ni el huevo y dejarme a mí todo el trabajo. Una maniobra magistral.

El neurótico

El neurótico es un tipo o tipa extremadamente nervioso y que siempre te habla muy rápido, como si se le fuese a escapar el tren o se estuviese cagando encima.

-Ring, ring, riiiiiiiiiggg……
(*Buf, a ver que quiere este. voy a tomarme un tranquilizante…*)

- ¿Sí?

- ...oye. Mira... brrrfffff (ininteligible) que, que, que…que es esto asiodjfaf (ininteligible)….que tengo aquí mmminimizado…

- A ver, deja que me conecte….

-..si, brrff(ininteligible), falriejef(ininteligible), pero rápido….
(Si, hijo, sí...)

- Nada, es Acrobat Reader que se te está actualizando. Hay que deshabilitar las actualizaciones. Espera que vaya al programa y…

- AHORA NO PUEDO... brrfffff (ininteligible)…ya te avisaré... brrffaf (ininteligible) – Y te cuelga.

Este "ahora no puedo" es porque no puede perder ni un segundo de su tiempo, aunque le digas que es sólo un instante. Primero te llama por un problema y, cuando vas a resolvérselo es como si te dijera "no me molestes". No es que esté saturado de trabajo, es que es así, tenga lo que tenga. Se nota que es un tipo de persona que en su vida privada debe ser igual. No se cómo se puede vivir así ni cómo lo aguantan los que le rodean. Cuando lo ves por los pasillos siempre camina apresuradamente, mirando al suelo. Si habla contigo no se está quieto, parece que tenga calzoncillos de esparto. Mientras te habla mira para todas partes menos a ti. Tiene todas las papeletas para sufrir un infarto en cualquier momento. Uno de estos especímenes que contó un día que se había divorciado. No sé qué había pasado, ni me lo contó ni me interesa, pero son casos en los que no hace falta. No hay nada más que verle para saber que ha sido culpa suya fijo. No hay quien aguante un personaje así.

Sin embargo, el "ahora no puedo", no es exclusivo del neurótico. Es habitual el usuario que te llama por un problema, pero en cuanto les dices lo que vas a tener que hacer te suelta el famoso "ahora no puedo" y "ya te lo mirarás otro día", aunque sean unos miserables segundos. ¿Para qué cojones llaman entonces? Quizás piensen que puedo solucionarlo con algún truco Jedi mental sin tocar su ordenador. No pueden perder unos segundos de su preciado tiempo laboral contigo pero no hay problema en perderlo fumándose un cigarro en la puerta.

El falso

Más falso que Judas, reza el dicho. ¿A que hay unos cuantos en todas las oficinas? Son esos individuos que siempre se dirigen a ti en plan colega, sonrientes y dando a entender que entienden perfectamente tu trabajo pero, en cuanto te das la vuelta, te la meten doblada, te dejan a la altura del betún, para quedar bien o para salvar su culo.

A lo largo de los años he observado que este tipo de usuario se da, sobretodo, en los comerciales. Que me perdonen los que se dedican a este noble sector en el que estoy seguro que hay grandes personas, pero, en mi caso, así ha sido.

Basta que el falso tenga un problema grave que tengas que resolver en su equipo para que se dé la siguiente situación:

- Ring, ring, riiiiiiiiiggg……

- ¿Sí?

- ¡Feliz lunes!, ja, ja,... ¿Qué tal el fin de semana?, ¿bien?; con lo bien que se estaba ¿no? y otra vez aquí…, además vaya tiempecito hace ¿eh? y… blablablá…
(El falso suelta su verborrea de buen rollo, de falso coleguita, a renglón seguido, casi sin dejarte hablar, prepara el terreno para soltarte lo único que verdaderamente le importa…)

- ¿Ya tienes reparado mi portátil?

- No, no hay manera, no he parado de probar cosas, pero el disco, blablablá…

(Aquí te matas en darle una explicación detallada del porqué todavía no puede disponer de su portátil y le haces ve que estás en ello)

- Nada hombre, tu tranquilo, era para saber cómo iba, ya me dirás algo, ¿ok?, venga campeón.
(Te dice de manera amigable, como una palmadita de ánimos en el hombro que tú, ingenuamente, crees que es sincera viniendo de un compañero)

El tema viene al día siguiente cuando recibes una llamada del jefe.

- Ring, ring, riiiiiiiiiiggg……

- ¿Sí?

- Me ha dicho *el falso* que todavía estás con su portátil ¿no?

- Sí, es que tiene tal problema y blablablá….

- Es que ha venido muy cabreado a decirme que ya hace una semana que tienes su portátil y que no entiende cómo puedes tardar tanto. Se tiene que ir en unos días a Múnich y necesita llevárselo.

¡Qué hijo de la gran puta! Es lo primero que te viene a la cabeza. Aquí tenemos al falso en todo su esplendor. Por un lado se dirige a ti de buen rollo y por detrás va a lloriquear al jefe a ver si consigue que me meta presión y así tener su mierda de portátil a tiempo, cosa que, por supuesto, ya vas a intentar hacer. Además, en este caso, ya tiene un portátil de substitución, para que no diga que "no puede trabajar por tu culpa" (lección que aprendí muy rápidamente), pero, claro, quiere el suyo sí o sí cual niño malcriado. Por supuesto sólo te basta una acción de estas para calarlo. Lo etiquetas, lo evitas y, por desgracia, tu relación ya no será la misma. Y sí, era comercial.

El jefe

Bueno. Que vamos a contar ¿no? Este tipo de usuario es el más especial de todos y no hace falta decir porqué. Cualquier informático dirá lo mismo: "al jefe siempre le ocurren los problemas más chungos, raros y rocambolescos". Cual novela de Paulo Coelho pero a la inversa, el Universo entero conspira para que así sea y tengas que estar sometido a prueba una y otra vez.

En una ocasión el jefe se fue a nuestra delegación de Valencia y quería conectar a la red su portátil para mirar unos correos. Esto, por cierto, curiosamente es muy habitual. Tienen el correo en su móvil y además se supone que viajan para hablar con el personal de esa oficina o reunirse con quien sea, pero luego se quieren conectar con su portátil para "trabajar", ¿te vas hasta allí para hacer lo mismo que aquí?, jamás lo he entendido. Pero sigamos. Todavía no teníamos WiFi y, como no había tomas de red libres en las mesas y las demás estaban todas ocupadas por el personal, se conectó directamente al swith por cable. El portátil era viejo y tenía una conexión de modem (rj11, la telefónica y más pequeña de que la red) y otra de red (rj45). Quédate con este dato.

Conectases donde te conectases accedías a la red sin problemas, por eso me extraño cuando me llamó diciendo que se había conectado al swich por cable pero que no tenía red.

- Ring, ring, riiiiiiiiiiggg......

- ¿Sí?

- Mira Leroy, que estoy en Valencia y conectado el cable al switch pero no tengo acceso a la red.

- ¿Has probado con otro cable?

- Sí, un par que habían por aquí.

- A ver, dime que tienes en las propiedades de red para ver si se han cambiado las Ip's y...blablablá

45

Debimos estar más media hora al teléfono probando mil cosas. Todos mis recursos se habían acabado, no entendía porque mierda no tenía red. Tenía que haberse muerto la conexión de red del portátil. Al final, ya desesperado y muy cabreado, el hombre me dejó por inútil. Encima eso, el tonto soy yo. Y cuando está a punto de colgarme…

- ¡¡¡Espera, espera!!!

- ..eeeemm… perdona – dijo muy calmado bajando el tono y como avergonzado…

- Es que había conectado el cable de red al modem del portátil, no a la red….

- ……..

Todavía me estoy preguntado cómo pudo ese hombre conectar un conector de red a una entrada de módem que es mucho más pequeña. Sólo por la fuerza que tuvo que hacer para ello ya tuvo que darse cuenta que no era "el agujero" adecuado.

Como es evidente, hay varios tipos de jefe a la hora de defenderse con la informática también. Los hay más listos y más tontos, y, dentro de los tontos, los que quieren aparentar ser listos. Estos últimos son los peores, puesto que abusan de su posición para dejarte bien claro que no es que no sepa, es que tú no lo explicas bien.

Tenía un jefe que solía decir: "yo sé lo que quiero, pero no sé cómo hacerlo". Esta frase, que en un principio puede parecer hasta humilde, guardaba truco. Cuando le mostrabas la forma de hacerlo te decía que no, que así no. ¿No habíamos quedado en que no tenía ni idea? De repente te sugería como hacer tu trabajo; o bien porque lo había oído por ahí o bien por el simple hecho de mandar. Al final te dejaba por imposible y con la sensación de que pesaba que el tonto eras tú.

Como los jefes son muy dados a relacionarse con otros jefes, es habitual que se intercambien ideas tecnológicas. De repente, un lunes te llama el jefe y te suelta que tal empresa tiene el sistema supermegaguays y están encantados, que están con el operador de móviles chupifone y pagan menos que nosotros, que tienen un súper-mega-sistema de videoconferencia y nosotros vamos con Skype. Lo que tienen los demás siempre es mejor. ¿Qué ha cambiado del viernes a hoy? Se ve que ha estado jugando al golf este finde con sus coleguitas jefes y ha estado recopilando todo lo que le ha parecido que, informáticamente, podía tener él también. Entre los poderosos se envidian. El problema es que, aunque sea el jefe, el que lleva la informática y el que entiende se supone que eres tú. Cuando empiezas a rebatirle y a hacerle ver que tal sistema no se puede implantar porque nosotros tenemos esto y aquello y no sería compatible, y que para ese fantástico sistema de videoconferencia necesitas líneas extra que pagarás cada mes, más el costoso equipo de pantallas y cámaras que hay que montar, y que el operador telefónico que tienen ya lo tuvimos en el pasado y nos cambiamos porque el actual era más barato, se viene abajo… hasta la próxima vez que vuelva a ver a sus colegas.

Pero si hay algo que distinga al jefe de una empresa pequeña o pyme eso es la racanería en su máxima expresión, pero claro, para lo que les interesa. Incomprensiblemente se gastan miles de euros en la cena de Navidad a la que no quiere ir nadie, pero luego resoplan y te interrogan sobre porqué hay que comprar un miserable teléfono de mesa de 30 €. Como si lo quisieses comprar por gusto o como si fuera para quedártelo tú.

-Que es para su empresa, oiga, que a mí me da igual... - Llegué a decirle a uno.

En otra ocasión se estropeó un monitor panorámico que estaba fuera de garantía. Había que comprar otro. Al comentárselo al jefe su respuesta me dejó helado. Se traería uno cuadrado que tenía en su casa muerto de asco. Ya que parecía que a él la imagen de la empresa y la opinión de ese usuario le tenían sin cuidado, no tuve más remedio que hacerle ver, con palabras muy cuidadas, lo cutre de su "solución".

-Es que mire, para empezar todo el mundo en la empresa tiene ya monitores panorámicos y el CRM que usamos está optimizado para ello. Si le pongo esto al usuario no lo verá todo de forma optimizada y además…, queda "feo".

Esto último de "feo" no le gustó. En realidad, lo que sentía era verdadera vergüenza ajena. Me daba apuro poner ese monitor al usuario. El jefe se quedaba tan ancho, pero a mí, el usuario, me iba a mandar a la mierda. La empresa facturaba más de un millón de Euros anuales y el tío estaba dispuesto a traerse su cutre monitor de hace 10 años por no gastarse 80 Euros en uno nuevo. Pues, como ésta, a montones.

El controller

La figura de "el controlador" o "controller", que parece el nombre de un personaje de cómic, ha aparecido con fuerza estos últimos años. Y se dice así, *controller*, en inglés, se ve que porque queda menos agresivo. Controlador, en castellano, suena más feo y la gente se asusta, aunque es realmente lo que hace.

Depende del tamaño y actividad de la empresa puede haber uno o varios. Originariamente el controller está para supervisar, canalizar peticiones y mejorar los procesos productivos y administrativos, reportándolos y mejorándolos en consecuencia. Pero, en este país de listos le hemos dado la vuelta y lo hemos convertido en una figura que hace el trabajo sucio del jefe. Es su infiltrado, su chivato, su espía. O bien porque el jefe no tiene tiempo y delega en este tipo de sujetos o porque no tiene huevos para abroncar al personal y coloca a este chivo expiatorio como verdadero escudo humano.

En muchos casos, lejos de mejorar procesos y ayudar, el controller actúa de verdadera mosca cojonera. En mi caso, ys in parecer pretencioso ni, mucho menos, ir de sobrado, el problema viene cuando pretende decir al informático cómo debe hacer su trabajo sin entender de informática. Si, como he dicho, se ve que aquí todo el mundo sabe de informática. Puede meterse en las formas o los procesos, pero no si un ordenador puede ser reparado o substituido. Simplemente porque no entiende, no es su trabajo, es el mío. El controller es incapaz de diferenciar la frontera entre una cosa y otra. Tiene carta blanca de dirección y por ello se autoproclama "jefe de todos".

El controller llega a llamar en nombre de "sus compañeros" cuando estos tienen algún problema con su PC. ¿Qué no tienen boquita?", pienso. Ello es, justamente, por dar esa imagen para lo que él cree que ha sido designado. Llamando en nombre de los demás no sólo justifica su cargo (otorgado a dedo), si no que se realza como abanderado y falso defensor de los problemas de "sus compañeros". Lo siniestro del controller es que nadie sabe de qué habla o como habla cuando entra en el despacho del jefe. ¿Explicará la verdad de las cosas o la versión que más le convenga? ¿a quién estará jodiendo para que a ojos del jefe parezca que todo va bien gracias a él?¿cuantas veces le habrá mentido al jefe diciendo que gracias a él no se han producido mayores problemas?. Por desgracia no es un juicio donde tú puedes, al menos, explicar tu versión. La información que le llega al jefe es unidireccional y si este no la contrasta, como suele suceder, puesto que para eso ha creado la figura del controller, ¿qué visión distorsionada tendrá el jefe de todos los departamentos y trabajadores?. Peligrosa figura la del *controller* para el mundo laboral.

El normal

Sí, por fortuna, también hay usuarios que vamos a calificar como "normales". Con ello me refiero a ese tipo de usuario que apenas se les "oye", pasan totalmente desapercibidos, también en lo que a incidencias informáticas se refiere. Cuanto más agradable y tranquila es la persona, menos problemas tiene. ¿Casualidad? No creo en la acción se la mente sobre la materia, pero en mis años de informático he comprobado que a veces parece como si la negatividad de la persona pasase a su equipo, volviéndolo inestable y estropeándolo, como si éste se contagiase de su mal rollo.

El *normal* te llama una vez al mes, y ten por seguro que si te llama es porque le sucede algo realmente grave que le impide trabajar. Mientras que el neurótico o el cansino siempre te están llamando por polleces y echando pestes de su equipo tengan el que tengan, el *normal* incluso no quiere que se lo cambies por uno más potente cuando le toca. Ya tienen bastante y les sobra. Coincide que son buenas y amables personas, incluso te piden perdón cuando te llaman por algún problema, cosa que les hago saber que no deben hacer, puesto que es mi trabajo. Es curioso que te pida disculpas quien menos te molesta y mejor te habla.

Aquí habría que abrir un pequeño paréntesis a modo de petición a quien corresponda. Como he comentado, con el tiempo, aprendes a identificar a cada tipo de usuario. Así sabes cómo tratarle, como explicarle las cosas, en que tono, cuando es el mejor momento del día para hablar con él, etc…, es decir, debes tener lo que viene a llamar bastante psicología. El informático, sin tener estudios al respecto, termina dominando esta ciencia de tal manera que a su lado Freud es un puro charlatán. Sin embargo, y aquí viene la petición, creo firmemente que la psicología se debería impartir como asignatura de forma obligatoria en estudios medios y superiores de informática, sobre todo si ellos van a repercutir en un trato final al usuario. Así, el futuro informático, al menos irá algo preparado para la lucha diaria que tendrá con todos los especímenes que se encontrará en sus futuros trabajos y podrá canalizar esas situaciones para que no supongan un riesgo para su salud mental. Parece cachondeo, pero lo digo muy en serio.

Después de tantos años intentando entender por qué algunos usuarios, compañero de tu propia empresa, te hablan y tratan tan mal, he conseguido llegar a una terrible pero relevadora conclusión. Y es que no te ven como un compañero, sino que…

ERES UN SERVICIO

Si. Ni más ni menos. Como la luz o el agua. Igual que se cagan en el operador telefónico cuando se quedan sin Internet en su casa, se cagan en ti en el trabajo si su PC no va bien. Como servicio que creen que eres se dirigen a ti por encima del hombro con exigencias y malos modos. Sus compañeros de trabajo son los de su departamento, no tú.

Esta manera de verte tiene que ver con el distanciamiento entre el tipo de trabajo que desempeñas. En verdad, a un informático, le influye relativamente poco la actividad de la empresa en su trabajo. Con matices, da igual si la empresa vende jamones o billetes de tren. Tu trabajo sería muy similar. Este distanciamiento entre el diferente tipo de trabajo que desempeñas con respecto al resto, hace que tengas pocos puntos en común a la hora de hablar de este. Estas cosas se ven muy bien a la hora de comer, por ejemplo. Oyes como despotrican de los clientes, de los problemas administrativos del día, se intercambian soluciones, etc... Y tú, como no realizas su trabajo, no puedes opinar. Casi permaneces callado hasta que sale algún tema general del que puedas hablar. Y, si en medio de una discusión acalorada se dirigen a ti, es para recordarte tal problema que tienen con su PC o para cagarse en lo lento que iba Internet esa mañana. Porque eso eres tú, un servicio al que exigirle cosas, no un compañero más. Inconsciente o no es lo que sucede y como te ven.

Y después de este pequeño paréntesis ya tenemos identificados a los diferentes personajes con los me encontré y con los que tuve que

51

batallar en todos estos años. Te ayudará a entender las diferentes situaciones que expondré en próximos capítulos.

Capítulo 5

La puta automatización

Los usuarios no saben realmente lo que quieren, pero saben con certeza lo que no quieren.

Anónimo

Es sabido que el ser humano es "flojo" por naturaleza, si nos podemos escaquear nos escaqueamos y si le podemos endiñar a otro nuestro trabajo lo hacemos. La informática se creó con el fin de procesar, transmitir, etc… información, de ahí la palabreja informática = información automática, cosa que hoy día no es exactamente así, pero como base sirve.

¿Y por qué de esta introducción? Muchos usuarios, conociendo el origen de la palabra se aferran a ello para deducir que la informática se creó para solucionarles la vida, y, sobre todo, quitarles trabajo, cosa en parte cierta, pero se lo toman en sentido literal. Es frecuente que muchos usuarios, ante algún trabajo que realizan habitualmente, suelte aquello de:

-Oye, ¿y esto no podría hacerse automáticamente?

Por supuesto hay casos en los que sí, pero lo divertido (por decirlo de alguna manera) es cuando se empeñan en que así debe ser por cojones, no se paran un segundo a pensar que lo que están diciendo es absurdo, para ellos la informática es para eso y punto, hasta incluso que la máquina te lea la mente.

-Leroyyyy!!!!!!!
(*Vaya, el esparcemierda*)

- Queeee!!!! (*siempre respondo de la misma manera en la que se dirigen a mí*)

- Mira, te cuento. A ver cómo podríamos (*esto quiere decir que lo haga yo*) hacer esto automáticamente. Resulta que cuando registro un pedido querría que me avisara de si me he olvidado informar el campo "Fecha de entrega" y que no me deje continuar si no lo hago, para no cargarla y eso, ya que la "Fecha de entrega" debe estar siempre informada.

- Ningún problema.

- Pero no quiero que me avise siempre, a ver si me explico…
(*Si por favor; a ver que se te ha ocurrido esta vez…*)

- Es que, a veces, el proveedor no me da dicha fecha, pero igualmente necesito registrarlo porque es urgente, así que me debería dejar continuar.

- …ehmmm… vale, pero a ver, me acabas de decir que la "Fecha de entrega" tiene que estar informada, así que lo que me dices es una contradicción. Entonces lo suyo es que, en vez de obligarte a ponerla, te puedo hacer un aviso que te advierta de ello para que la pongas si no lo has hecho, peor que igualmente te deje continuar si no la tienes.

- Es que se debe poner obligatoriamente.

- …. pero vamos a ver…. Entonces, si es obligatorio, ¿Cómo coño quieres que te deje continuar si no la tienes?

- Porque me la pueden dar poco después. A ver si me explico.
(*Sí hijo, por favor…*)

Aquí el hombre ya eleva un poco la voz en señal de firmeza y autoridad (que no tiene) como si fueras idiota.

- Que el sistema, A U T O M A T I C A M E N T E, (*grita y te deletrea igual que cuando le hablas gritando en español a un guiri que no te entiende*) debería detectar si la fecha me la dan en el momento o después, antes de registrar... o algo así... así me espero a tenerla... pero no me puedo esperar mucho, así que me debería dejar continuar   igual...¿sabes?
(*Hostia puta, esto si es surrealismo, ni Dalí, oiga*)

- Ahora yo te pregunto, ¿y cómo sabe el sistema si te van a avisar o no?

- ... hombre, no sé, debería detectarlo de alguna manera, digo yo...

- Es verdad, podríamos montar un sistema que, mediante ondas hertzianas, localice a nuestro a nuestro proveedor, rastree su mente y ponga en el sistema sobre qué hora te va a avisar de la "Fecha de entrega"...

- Que cabrón, ¿me estás llamando tonto? Yo no digo eso, pero "algo" podríamos hacer al respecto...

- El sistema se basa en la información que le metes, la almacena, la gestiona y te da unos resultados en forma de avisos, listados o lo que quieras, a partir de esa información podemos hacer lo que quieras, pero no se va a inventar nada ni mucho menos va a "adivinar" lo que tú quieres en ese momento, si te va bien o no, al menos mientras no trabajemos con sensores neuronales. Si reflexionas un poco verás que lo que dices es absurdo, piensa detenidamente lo que quieres basándote en la información que tienes y luego me cuentas.

- Bueno..., pero sigo pensando que debería poder hacerse automáticamente...

Otro día me llama uno de los jefes financieros:

-Vamos a ver....
(*cuando empiezan así tiemblo...*)

- Yo,… tengo,….. este,….. Excel. ¿Vale?

(*bbbuuuuufffff… que lento por Dios. Eso es que no sabe bien lo que quiere ni como transmitírmelo, luego se quejará de que no he entendido nada de lo que quería…*)

- Quiero que, *automáticamente*, cuando lo abra, se me actualice este valor. – Y se echa para atrás cruzándose de brazos como si con solo ese dato yo ya haya entendido todo el sentido del universo.

- Vale, pero, ¿ese dato?¿de dónde viene?¿de dónde lo coge?

- Creo que "de otras hojas…"

No sólo tengo que echar mano de mis dotes adivinatorias, que para eso he cursado en Hogwarts, sino que, además, tengo que repasarme toda SU puñetera hoja de Excel para ver de dónde coge los datos, ya que parece a él debe de habérsela encontrado echa. Todo un jefe financiero que no sabe de dónde vienen sus propios números. Y se supone que este tío ayuda a la empresa a financiarse. Que miedo.

Después de ver de dónde viene el dato configuro esa casilla para que, cada vez que se abra el documento, actualice esos datos de forma automática.

- Pues ya está. Cada vez que lo abra se actualizará esta casilla con lo que haya en esta otra – le explico.

- ¿Pero de dónde sale el dato de la casilla donde toma los datos?

- Pues…, yo que sé. Usted sabrá. ¿Es que no es suyo el Excel?.

- Si, bueno, ya estaba hecho y yo he añadido cosas, pero esa casilla no sé de donde coge los datos.

Con mucho palo me voy a la casilla y veo que está hecha con una tabla dinámica a la cual se vuelcan datos del ERP de la empresa. Así se lo explico.

-Ah, está bien. Pero si ya vuelca los datos en tiempo real, ¿para qué tengo yo que abrir este Excel?
(Que a gusto me quedaría en poder decir que a mí ¡que pollas me cuenta!.)

- Porque supongo que si tiene que presentar estas hojas de Excel donde hay otros datos que señalan a esta casilla, si no abre el Excel éste no se va a actualizar.

- Pero ¿no se supone que eso debería hacerlo automáticamente?
(Dios, dame paciencia porque si me das una escopeta…)

- Pero, vamos a ver, ¿tendrá que abrir el Excel para que se actualice no?

- Pues no lo entiendo.

- En su casa le da un botón para encender la tv ¿no?
(espero que ahora no me diga que le trato como un tonto…)

- Si, ¿y?

- Pues que para ver ese dato tendrá que hacer algo ¿no?¿abrir el archivo al menos? Digo yo…

- … bueno… no me parece muy automático que digamos…

Esto son sólo pinceladas de tantos casos en los que automáticamente traspasa las fronteras de lo imposible. Otras veces, y, retomando aquello que hemos comentado al principio de la "flojera humana", te piden un proceso que, resumiendo, automáticamente, haga todo el trabajo. Cuando la cosa llega al extremo de lo absurdo les suelto la típica frase que nunca falla:

- Si el sistema hiciese todo ese trabajo automáticamente por ti, ¿crees que estarías aquí trabajando?

Capítulo 6

Forzando la puta máquina

Errar es humano, pero más lo es culpar de ello a otros.

Anónimo

Un día de tantos suena mi teléfono y un usuario se queja de que tiene problemas con Word. Parece que, con una hoja de Word abierta, si abre alguna otra aplicación, intenta volver a esa hoja y esta se queda "colgada". Me levanto, voy a su puesto y le digo que repita el proceso delante de mí, pero observo que todo va bien. Me encojo de hombros y le digo que cuando vuelva a pasar me avise. Tan sólo unos minutos más tarde me vuelve a llamar con el mismo problema. Voy y, efectivamente, la hoja de Word está colgada, pero también veo varias hojas abiertas. La hoja de Word colgada no es la misma de antes, con lo que el documento en sí parece no ser el problema.

Le comento que puede que sea porque tiene demasiadas hojas abiertas y me mira con extrañeza. Tiene una máquina decente, con lo que tener demasiados documentos de Word abiertos no debería ser el problema. Sin embargo veo cantidad de otros programas a abiertos. Se los cierro, con cierta protesta por su parte, le abro unos cuantos documentos de Word y todo funciona perfectamente. El hombre aparentemente se queda conforme.

Eso fue a última hora del día. Al día siguiente venía yo pensando en todas las mierdas que tenía que hacer cuando, sin siquiera poner el culo en la silla, ya estaba sonando el teléfono con el "maestro del Word" al aparato:

- Mira!! que me sigue pasando lo mismo….

- ...joder... espera, voy.

Me pongo en su máquina y veo que tiene tropocientosmil documentos de Word abiertos.

- Pero a ver, ¿Qué es esto? ¿es que los necesitas todos?

- Estoy probando a ver si se cuelga....

- ......

- ¿qué pasa?

- ¿Pero tú de que vas? ¿lo estás haciendo para joder?, a forzar la máquina a ver lo que resiste, ¿no?

- Antes lo hacía y no se colgaba....

- ¿El qué hacías? ¿te ponías a abrir ventanitas a ver cuánto aguantaba? Es normal que se cuelgue si lo fuerzas sin sentido ninguno, otra cosa es que se te colgase abriendo lo que necesitas para realizar tu trabajo, no abriendo a lo loco a ver qué pasa.

- ... bueno... vale... ¡pero no me parece normal!...-dijo mirando la pantalla.
(*Tú sí que no eres normal...*)

Cómo me han jodido siempre estas coletillas, es como diciendo "no me has arreglado el problema". Es el típico usuario (de estos hay a millones) que ante cualquier chorradilla no se queda tranquilo hasta que funcione como él desea, aunque ya tenga el resultado que espera, es como si tuviese un clavo en el pie que no le deja trabajar con normalidad o tuviese una vocecilla en su cabeza como un mantra que le dice: "si abres muchos Word's se cuelga", "si abres muchos Word's se cuelga"....., y será capaz de no dormir y todo.

Todo esto pueden parecer chorradas, pero son cosas que te quitan cantidad de tiempo que sumadas pueden hacerte perder media jornada, y es que ya se sabe, el tiempo del usuario es oro, el tuyo... ¡a quien coño le importa!

El usuario es como un niño pequeño. Culo veo culo quiero. Es imposible cambiarle el ratón a alguien y no tener ya a tres o cuatro del departamento berreando diciendo que ellos también quieren uno nuevo, aunque ya les funcione bien el que tienen. Y si eso pasa con un ratón o teclado, ya puedes imaginarte lo que ocurre cuando le cambias el ordenador a alguien:

- Eh!!! ¿y a mí qué?

- ¿Qué pasa?, ¡¡¡vaya morro!!!! ….

- ¡¡¡ Ya está bien!!! Y los demás ¿¿¿QUE?????...

- !!!Yo llevo más tiempo aquí!!!!...

¿Qué trabajos hay en el mundo en donde en tan poco tiempo recibes tantas miradas de odio? Al principio de empezar a trabajar casi me ruborizaba, como si hubiese hecho algo malo, y trataba de explicar pacientemente porque había tenido que cambiar el ordenador a alguien. Lógicamente por algún problema técnico muy serio por el que no había más remedio. Sin embargo, a medida que el tiempo pasaba y tenía más confianza pensé ¡ A LA MIERDA ¡¿por qué cojones tenía yo que estar justificando mi trabajo a cada uno de los 10 envidiosos que empezaban a increparme?, yo sólo debía responder ante uno, el "jefe". Esa confianza unida a mi manera algo cachonda y despreocupada de ser me permitió con el tiempo responder como "se merecían":

A los bordes:

- Mira majo ¿ves aquella puerta de allí? (la del jefe), pues entras y le dices que quieres un ordenador nuevo. Que el dinero no es mío, chato.

A los pesados:

- ¿Sabes cuándo tendrás uno nuevo?

- ¿Cuándo?

(Acercando la cara...) – NUNCA

A los que van de sobrados:

- Para lo poco que trabajas ya tienes bastante.

A los que tienen algo de humor:

- Él me ha dado algo en los lavabos... que tú no podrás darme nunca...

En una ocasión, pasaba por al lado del despacho del contable de la empresa con el que me llevaba bastante bien y oír cómo le daba una patada a su ordenador. El golpe metálico era muy característico. Las torres se solían colocar en el suelo, a un lado debajo de la mesa, y era habitual darle con el pie sin querer. Sin embargo empecé a escucharlo bastante a menudo y con una fuerza inusual. Hasta que un día, ante un nuevo gran golpe, entro en su despacho y le digo…

- No veas, ¿menudas patadas le metes, no?

- Es que le doy expresamente a ver si me lo cargo y así me lo cambias.

- ………..

Como el lector irá comprobando a lo largo del libro, el compañerismo hacia el informático brilla por su ausencia, incluso, a veces, con los que mejor te llevas. Qué asco.

- Ah, pues muy bien tío. ¿No te has parado a pensar que así me joderás a mí?, ¿quién coño crees que te lo va a tener que cambiar?, ¿no ves que me darás más trabajo con todo el que ya tengo?

- … es que es una mierda y va súper-lento….

- Claro, y dándole patadas y jodiéndome a mí es la mejor manera de solucionarlo ¿no?

- Comprar un nuevo y ponérmelo no te cuesta nada…

- No claro, no me cuesta nada. ¿Sabes qué?, un día voy a entrar en tu puto despacho y le voy a pegar fuego a todo este montón de papeles de mierda que tienes aquí. Porque claro, tener que hacer todos estos papeles otra vez no te cuesta nada ¿verdad?

Y esto, querido lector, fue con un compañero con el que me llevaba muy bien, imagínate con los que no. Una prueba más de la falta de respecto que existe con el informático y hacia su trabajo.

Lo que para muchos usuarios parece ser divertido, para ti es trabajo. Y muy serio.

- Ja,ja, ¿quién se va a ir tarde hoy porque se hay problemas con el correo?. Ja,ja – entra algún gilipollas en tu despacho con una sonrisa picarona y frotándose las manos.

- ¿No lo dirás en serio? – me pongo blanco.

- Si. Se acaba de joder. Nadie tiene correo, ja,ja…

Así, como lo estás leyendo. A veces quiero creer que es simple ignorancia o que, incomprensiblemente, creen que a los informáticos nos gustan los problemas. Yo no sé nada de muchas cosas, pero tengo la suficiente capacidad intelectual como para poder empatizar con los problemas ajenos aunque los desconozca. No sé porque los problemas informáticos hacen tanta gracia.

Capítulo 7

Bajo una puta presión

Si a causa de un problema se convocan muchas reuniones, las reuniones llegarán a ser más importantes que el problema.

Anónimo

Si el legionario es el novio de la muerte el informático es el novio de la presión. Cualquier problema para el informático es YA, AQUÍ y AHORA.

La presión aparece en las más variadas situaciones, y todas siempre imprevistas. En general, en lo que ha trabajo de oficina se refiere, una persona "normal" llega a su puesto laboral, se quita la chaqueta o deja el bolso por ahí, enciende el ordenado, va saludando sus compis, se prepara un café o llena su botellita de agua, revisa su correo, coge alguna llamada o echa mano el montón de papeles que tiene para continuar con su curro donde lo dejó el día anterior, es decir, se ubica, se acomoda y empieza a preparar su trabajo para el resto del día. Al informático no de la tiempo a hacer eso. El informático entra por la puerta de su empresa y lo primero que ve es a tres o cuatro compañeros con los brazos en jarra, a otros de pie moviéndose nerviosamente con cara de darte de todo menos un abrazo y a otros tantos berreando en voz alta. Todavía te estás restregando las legañas de los ojos cuando se dirigen a ti como si hubieses matado a alguien….

- !!! EEEhhhh!!!, ¡¡¡ QUE NO HAY INTERNET !!!

Sí; ni buenos días ni hostias. Quien quiera amabilidad y tener el cariño de sus compañeros que no se meta a informático. Tú no te has quitado la chaqueta, no has encendido tu ordenador, no te has preparado un café, no te ha dado tiempo ni a decir hola; ni siquiera te has podido acercar diez metros a tu mesa porque tú eres "el informático" y no tienes ningún derecho a ser como los demás. Elegiste el camino del desprecio, de la soledad y de la incomprensión más absoluta. Las leyes más básicas de la conducta humana no rigen para ti. Se te saludará cuando hayas arreglado el problema, se te preguntará que tal ha ido el fin de semana cuando cumplas con tu sagrado cometido que es dotar de conexión al resto de criaturas de tu entorno laboral, podrás prepárate un café cuando todo funcione, no antes, que te has creído. Tú, lector, cuando te quedas sin teléfono, Internet, luz o cualquier servicio en tu casa, generalmente, ¿es culpa tuya o del operador o proveedor del servicio? Del proveedor ¿verdad?; pues en una oficina igual, pero eso tan claro que tienen tus compañeros cuando les pasa a ellos en sus casas, en el curro les importa una mierda; tú eres el responsable, la cabeza visible, y sobre ti van a caer todas sus quejas. Aparte de cargarte en todo, lo único que puedes hacer es llamar, con el sudor en la frente, al proveedor de turno. Te responderá una amable señorita que dejará apuntado en su sistema "que es muy urgente", te dará un numerito de incidencia y "en cuanto puedan" se podrán con ello.

Mientras hablas por teléfono notas un sudor frio por la espalda. Es el jefe o jefes (suelen venir en pareja o tríos supongo que para intimidar más), también con los brazos en jarra, dispuestos a pedirte explicaciones en cuanto cuelgues.

- Pues nada, que ha habido un problema en la central de "mierdafone". En cuanto lo arreglen nos avisarán.

- ¿Y para cuanto tienen?

- No me lo han podido decir, están en ello.

- ¡¡¡ PERO ESTO NO PUEDE SER !!!, no podemos estar parados y blablablá…, esto es una empresa que blablablá…, les estamos pagando una morterada por blablablá, son unos sinvergüenzas y blablablá… les vamos a denunciar porque nosotros somos blablablá…

No es que el jefe no tenga razón en algunas cosas, es que toda esta explosión de odio te la suelta a ti como pidiéndote explicaciones. No es culpa tuya, pero la presión ya la tienes tú. No eres ningún pasota, no entienden que estás sufriendo porque la gente no puede trabajar y estás sufriendo porque el jefe no para de tocarte los cojones cada media hora a ver si ya sabes algo. Como comentábamos en capítulos anteriores todos los empleados de la empresa se convierten de repente en tus jefes, empiezan a llamarte a menudo o a presentarse en tu mesa para recordarte que están "sin hacer nada", como si se te hubiese olvidado el problemón que hay. Tú, pobre mortal, lo único que puedes hacer es ir llamando cada media hora al operador y cagarte en todo; cosa bastante inútil porque cada vez que llamas te responde al teléfono una persona diferente que amablemente te comenta que "deja anotada tu queja".

La paciencia del jefe y usuarios es proporcional a lo que dura la incidencia. Hay casos en que empiezan comprensivos…

Al producirse la incidencia:

- Bueno, tranqui, sólo te lo digo para que estés al tanto, ya me avisarás cuando esté. Suerte.

Una hora después:

- ¡¡¡Hey!!!, ¿todavía no funciona?, es que tenemos que hacer no sequé…

Dos horas después:

- Hostias!!! ¿Todavía no te ha dicho nada esta gente?, ¡¡¡ ya van dos horas tío!!!

Tres horas después:

- ¡¡¡JODER YA!!!, ¿ya les vas llamando?, YA ESTÁ BIEN, mételes presión que no podemos estar así….

No sigo porque no se trata de llenar este libro de palabrotas, pero puedes imaginar cómo se va calentando la cosa en horas sucesivas.

Y, cómo no, este tipo de incidencias graves incluye la visita al despacho del jefe.

Riiiiiiinnnnggg!!!

- ¿Puedes venir a mi despacho? – y cuelga.

Es la pregunta más terrorífica del mundo laboral. Igual como cuando se está a punto de morir y toda tu vida pasa por delante. No me ha pasado, pero imagino que debe ser muy parecido. En este punto maldices el haberte dedicado a esta mierda. Te acuerdas de tu amigo el jardinero o el conserje y piensas lo felices que deben ser sin esa angustia de estar pendientes de toda clase de cacharros que pueden petar en cualquier momento. Mientras que tú, debes luchar diariamente contra todo tipo de problemas de los que no tienes la culpa.

Entras en el despacho y te pones delante de la mesa del jefe en posición de firmes y con las manos en la espalda. Es lo más parecido a un Consejo de Guerra. Con semblante serio el jefe te pregunta por qué no hay Internet. Ya sabe por qué, porque el proveedor es una mierda y, como todas las cosas de este mundo, tarde o temprano fallan; pero su función es preguntar a ver si hay alguna otra explicación sobrenatural.

- ¿Qué ha pasado? ¿por qué no tenemos Internet?

- Porque en *mierdafone* se han puesto a tocar cositas en la central y nos han dejado sin datos.

En este punto es cuando el jefe en cuestión empieza a sugerirte, por decirlo de una manera suave, que busques otro proveedor, que pongas backups, etc… Pero lo irónico del caso es que, tiempo atrás, le has sugerido eso mismo, pero claro, pagar un backup (otra línea con otro operador) mes a mes para sólo aprovecharlo una vez cada x meses si la línea principal falla es tirar el dinero; casi que sale mejor estar todo un día sin Internet que pagar dicha línea. Eso te lo suelta cuando ve lo que cuesta, ya no se acuerda del cabreo que tenía el día que la línea falló. Yo si me acuerdo.

Y la sugerencia del cambio de operador tiene mucha más gracia. Para empezar, en mi opinión, todos son la misma mierda con diferente nombre, los odio a todos. Pero lo mejor de todo es que ya no se acuerda del hecho de que el irnos con tal o cual operador fue casi una imposición suya, ya que su "cuñao" trabaja en no sé qué empresa y jamás de los jamases han tenido ningún problema. ¡Hay que ver qué mala suerte tengo!, todo lo que monto termina fallando y las demás empresas se ve que son una balsa de aceite.

Frase para futuros informáticos:

- Lo que tienen las demás empresas siempre es mejor que lo que tú tienes.

Por supuesto esto no es cierto, habría que preguntar a los informáticos de esas empresas, seguro que tienen una opinión muy diferente. Además, ¿cuántos son en esas empresas? ¿A qué se dedican? ¿Cómo tienen montada su informática? Dependiendo de la envergadura de la empresa tendrán montadas sus comunicaciones y recursos de una u otro manera. No es lo mismo una empresa de cinco trabajadores donde lo único que hacen es utilizar el correo de vez en cuando que otra de cien que da servicios online a terceros. Y, sobre todo, no es lo mismo que haya tres informáticos en una empresa que uno, como casi siempre ha sido mi caso. Las comparaciones son absurdas.

Una de las cosas que hacen los jefes ante una avería gorda de este tipo es pedirte el teléfono del operador. Se cree tan importante que cuando llame y diga gritando que le pasen con algún responsable porque es el director de tal empresa se van a poner firmes al otro lado del teléfono y le van a solucionar la avería al momento. Puede que eso valga para el director del FMI pero con el de una pyme se descojonan. Esa actitud, sin embargo, te molesta muchísimo. Es como diciéndote que no sabes, que igual no has gritado lo suficiente y no sabes meter presión. Sólo lo entienden cuando la amable operadora les dice que "anotamos su descontento y le mantendremos informado".

Ante uno de estos problemas gordos de Internet o telefonía, me han llegado a decir mirándome fijamente que "la empresa está perdiendo dinero", no se han atrevido a decir "por tu culpa", pero ahí lo dejan. Como eres una persona responsable, te preocupa enormemente solucionar el problema lo más rápido posible; te estás dejando la piel y algo más en ello y lo que te sueltan es esto. Me dan igual los ánimos, pero esto…. Me dieron ganas de meterme la mano en el bolsillo y decir:

- A ver ¿cuento llevamos perdido? Toma, ya te lo doy yo, no sufras. Pero no me toques más los cojones.

El 99 por cien de los días no pasa nada grave que deje a la empresa parada, pero cuando todo va bien nadie te felicita. Imagínate como llegas a casa uno de esos días después de haber recibido palos por todos lados. Si es que el problema se ha resuelto, si no, seguro que te haces una idea de las noches que pasaba pensando lo que me esperaba al día siguiente y rezando a todos los santos que algún técnico iluminado del mierdafone de turno diese con la tecla de la avería. No hay sueldo que compense eso.

Cambiando de tema, otra forma "divertida" de presión es cuando se hacen esas fantásticas presentaciones en alguna sala y el puto portátil que debe de proyectarla o bien no se conecta a la wifi o bien no consiguen que la imagen aparezca en el monitor o tv que tienen colgado en la pared o cualquier otra historia. Da igual el problema. La cuestión es que entras allí y hay diez personas en silencio cruzadas de brazos que giran la cabeza al unísono cuando te ven entrar. Por tu culpa no pueden visualizar su mierda de presentación. El que debe realizar la presentación extiende los brazos señalando la pantalla del portátil poniendo cara entre incertidumbre y cabreo. Quizás es una cagada suya, pero es igual, es un cacharro y tú eres el encargado de los cacharros. Mientras estás inclinado sobre el portátil (porque nunca te dejan sentarte) intentando solucionarlo puedes oír resoplar al resto de los asistentes y mirar su reloj. Todos te miran impacientes esperando que lo arregles, el silencio es sepulcral.

- ¿¿¿Por qué pasa esto??? – te pregunta enérgicamente el que debe realizar la presentación.

De esa manera se desvincula de toda responsabilidad, así no queda en ridículo con el resto de comensales, porque para eso ya está el informático, que a saber que ha hecho en ese portátil para que no funcione. Como portátil que es, lo perdiste de vista al día siguiente de haberlo configurado. Se lo diste al pollo en cuestión y no lo has vuelto a ver en seis meses. A saber la de perrerías que le habrá hecho en su casa. Pero da igual, debes solucionarlo AHORA. Por supuesto, mientras estás en ello pasándolas putas, no podía faltar la frasecita de turno por parte el que realiza la presentación…

- ¡LA INFORMATICA!, en fin…- dice meneando la cabeza con media sonrisita irónica.

La mayoría de las veces conseguía solucionarlo, otras no. A veces el cliente o proveedor traía su portátil personal y, al no funcionar, recurrían a ti. Tú no habías visto esa máquina en la vida, vete a saber que configuración o problemas tenía, pero es igual, te lo endosaban.

En una ocasión vino un chino que no podía conectarse a nuestra wifi; que raro…. La cuestión es que debía conectarlo a la red por cable si o si, pero, al venir de una empresa, en las propiedades de red de su portátil tenia IP's que había que modificar o quitar, porque si no, no podría tener salida a Internet desde nuestra red. Casi me da un infarto cuando veo que, obviamente, su Windows está en chino. Como era la misma versión que utilizábamos las cosas estaban en el mismo sitio, por lo que, de manera intuitiva, más o menos conseguía moverme aunque no tuviese ni pajolera de lo que ponía. Para colmo el chino casi no sabía inglés, así que imagínate estar preguntándole en ingles lo que ponía en la pantalla para yo saber que hacer a continuación. Mientras, como he comentado anteriormente, el resto de asistentes resoplando y haciendo comentarios graciosillos sobre lo que me estaba costando configurar esa máquina. En esas ocasiones en que no había manera, recurría a aquello que siempre debe tener preparado todo informático. Un plan B. Que en ese caso consistía en colocar un portátil que tenía guardadito y que sabía que en aquella sala iba a funcionar perfectamente fuese el problema que fuese. Normalmente, el que debía hacer la presentación, la copiaba a una memoria USB, la pasábamos al portátil y listos.

En la informática, ante la aparición de este tipo de incidencias, quizás no debas obcecarte en resolver un problema concreto si no puedes resolverlo, al menos de una manera inmediata. Lo que hay que hacer es tener claro cuál es el objetivo final y encontrar una forma alternativa de llevarlo a cabo. Lo de la presentación es un buen ejemplo. ¿Cuál es el objetivo? Ver la presentación en la TV. ¿No funciona el portátil?, no me entretengo en ver qué ocurre, pongo uno que si funciona.

Otra forma de presión más. Recuperar archivos borrados de la copia de seguridad. Cualquier informático debe tener bien controladas y al día sus copias se seguridad. Es su único salvavidas. Da igual lo que te hayas esforzado en el montaje de tu estructura informática y de comunicaciones y lo bien controlada y al día que la tengas; estás trabajando con máquinas, y las máquinas se estropean.

Frase para futuros informáticos:

- La informática es de los trabajos/oficios más desagradecidos que hay.

Y con desagradecido no sólo me refiero a la gente, si no a las maquinas. Las mimas, las cuidas, las mantienes limpias, refrigeradas y actualizadas, pero en cuanto pueden ¡ZAS!, las cabronas deciden que su disco duro o placa base ya ha tenido bastante y pasan a mejor vida. El servidor a tomar por culo, la gente sin poder trabajar y el jefe presionándote y diciendo que para cuanto tienes porque, por si no lo sabias, están perdiendo dinero. Bienvenido un día más al desagradecido mundo de la informática.

¿Puedes hacer algo?, no. Lo único que puedes hacer es preverlo y haber obrado en consecuencia. Ello se traduce en haber realizado copias de seguridad diarias tanto de archivos como de los servidores virtuales. Y gracias a eso, aunque el que te den por saco no te lo ahorres, en poco tiempo puedes tener a la empresa otra vez en marcha. El "matiz" viene cuando restauras una copia se seguridad y…, "error ddb554ssd copia de seguridad corrupta, no se puede restaurar…". Ni en toda tu vida ensuciarás tantos calzoncillos como en ese día. Todas las mañanas verificas que las copias de seguridad se hayan realizado correctamente, pero, y aquí está el detalle, es un software quien te lo dice. El puto programa te dice que la copia se ha realizado correctamente y tú te lo crees. Luego intentas restaurar la copia y ¡sorpresa!, pues va ser que no. ¿Crees que sirve de algo decirle a al jefe que tú no tienes la culpa? ¿Que tú has hecho correctamente tu trabajo? ¿Que ha sido el mal funcionamiento del software el causante? Nuevamente, una enorme sensación de impotencia se apodera de ti. Nuevamente empiezas a maldecir a la puta informática y al día en que decidiste dedicarte a esto. Gritas lo harto que estás, te dan ganas que coger un bidón de gasolina y meterle fuego a todos los servidores.

Observas al de almacén y piensas… míralo, metiendo cosas en sus cajitas, ahí, tan feliz, silbando y con la radio puesta. Él hace un trabajo y queda hecho, no desaparece, no se "rompe", no "falla", ¿qué le puede pasar? ¿Quedarse sin cajas de cartón? ¿Sin cúter para abrirlas? ¿Que los productos salten de su caja como por arte de magia? Él tiene un problema y ahí queda, no deja parada la empresa. ¿Por qué cojones tengo yo que aguantar este sufrimiento? Y más cara de imbécil se te queda cuando descubres que cobra lo mismo que tú. Si, así es amigos, más adelante hablaremos de los "sueldazos" que nos gastamos los informáticos.

Por ello, para minimizar en lo posible estos "fallos fantasma" de las copias de seguridad, no sólo hay que hacerlas sino, periódicamente, realizar pruebas de restauración para ver si están correctamente. Pero claro, es imposible restaurar cada día las copias diarias, semanales y mensuales de todos los archivos y servidores. No suelen entender que habría que contratar una persona exclusivamente para ello por toda la dedicación que conlleva. Por eso restauras de vez en cuando y rezas para que el resto estén correctamente. Se vuelve uno muy religioso siendo informático.

Luego está la segunda parte; ponerte en contacto con el fabricante del software y mentarle a toda su familia. Deberían indemnizarte por todo el daño psicológico que te han hecho. Si la copia está mal, que su software no de diga que está bien. Yo he pagado por un software que debe hacer un trabajo determinado. Si lo hace mal usted me está engañando y, por tanto, le voy a denunciar y me va a pagar todo el daño psicológico y el dinero que ha perdido mi empresa. Mi jefe ya le dirá cuánto.

¿Suena bien no? Por supuesto esto no es así; es lo que piensas. Te pones en contacto con el fabricante y lo único que te dicen es que "lamentan" lo ocurrido y que te actualices a versión 2.0 que es chupi de la muerte.

La otra parte de "presión" en el ámbito de las copias de seguridad es la que viene de parte del usuario:

- Ring, ring, riiiiiiiiiggg……

- ¿Sí?

- Mira, que la carpeta "mis mierdas" no está…

- … eeehh, bueno, pero, a ver, explícame algo más ¿dónde estaba esa carpeta? - (el usuario debe creer que tengo los 500 GB. y el nombre de más de 10.000 carpetas en la cabeza y debo saber dónde está cada una y que ha pasado con ella…)

- En la carpeta "Comercial" / "Empresas" / "Enero".

- ¿Y cuándo accediste a ella por última vez?

- Pues creo que ayer. Pero ¡yo no he tocado nada!...

- Quizás tú no, pero sí alguien de tu departamento, porque sólo los de tu departamento tenéis permiso para entrar en esta carpeta.

- Por aquí todos dicen que no han tocado nada...
(*Una mierda como un camión…*)

- … si, vale… puede ser que alguien la haya eliminado o movido. Sin querer se entiende. No te preocupes, no pasa nada, déjame acceder a la copia de ayer y la restauro.

- Joder, aquí nadie toca nada y siempre pasan cosas raras…

Aquí ya me toca los cojones. Él o alguien de su departamento la ha cagado. Tú, amablemente, le tranquilizas y vas a perder tu tiempo restaurando una copia, es decir, por un error suyo vas a tener que trabajar tú y, lejos de reconocer que alguien habrá metido la pata y agradecértelo, va y te insinúa que tú tienes algo que ver.

- Perdona, como te acabo de decir, aquí sólo tenéis permiso de acceso y control total vosotros. Si hubiese algún problema general no sólo lo sabríamos, si no que se hubiesen eliminado más cosas. Esto es selectivo, es una carpeta en concreto que alguien ha eliminado o movido dentro de otra carpeta accidentalmente.

(Siempre me pregunto porque soy tan imbécil respondiendo y porque pierdo el tiempo dando estas explicaciones cuando no les importa, y encima piensan que eres tú el que habrás hecho algo…)

- ¿Y cuánto vas a tardar?, es que tengo que entregar en media hora varios pdf's que había en esta carpeta.
(*Si claro, como no, justo lo que han eliminado es lo que necesitan para ahora mismo, lo raro es que lo necesitasen para la semana que viene*)

- Pues no sé, me pongo ahora mismo y te aviso, no creo que sean más de diez minutos, todo depende del contenido a restaurar.

La presión hace que hagas algo que nunca debes hacer. Dar un tiempo aproximado. Gran error. Porque, como tardes un minuto más ya te están llamando pidiendo explicaciones.

- Ring, ring, riiiiiiiiiggg……

- ¿Si?

- Hola, soy *elquefaltaba*

El que ha "perdido" la carpeta ha llamado, como un putas, al jefecillo del departamento de turno diciéndole que "ha desaparecido" la carpeta que contiene la información que necesita y que informática ya está en ello. Con esta magistral maniobra te ha pasado a ti el marrón y ahora, si ambos no tienen en breve esos importantísimos pdf's será culpa tuya y nada más que tuya.

- Que me ha dicho *esparcemierdas* que la carpeta *mierdas* ha desaparecido, y justo hoy tiene una reunión conmigo para que comentemos varias propuestas que había en esa carpeta; así que date prisa por favor en recuperarlas.

Yo ya contabilizo dos personas presionando sobre el mismo tema. Que desperdicio de productividad.

- Sí, ¿pero te ha dicho también que la carpeta se la ha cargado él o alguien de su departamento?

- Si, bueno…, ya, lo que sea…, pero la necesitamos YA.

- En eso estamos, ya he comentado a *esparcemierdas* que en cuanto la tenga recuperada le aviso.
(*Y si no hubieses llamado para interrumpirme quizás ya la tendrías.*)

- Bueno, vale, gracias...

En estos casos suelen pasar dos cosas. A veces haces una búsqueda de la carpeta en cuestión y aparece dentro de otra carpeta, es decir, con las prisas, y sin querer, el usuario la ha movido. O, efectivamente, la carpeta ha sido eliminada, con lo que debes recurrir a la última copia del día anterior en la que "desapareció".

Ejemplo muy claro de que los errores de otros se transforman en trabajo para ti.

Frase para futuros informáticos:

- Puedes tener toda la paciencia del mundo, pero tendrás que aguantar la impaciencia de los demás.

Capítulo 8

Los putos móviles

Los móviles han evolucionado tanto que ahora sirven para no tener que llamar a nadie.

Anónimo

Perdón, ahora se llaman smartphone's. Pero antes eran móviles y punto. Nuevamente, por si el informático no tenía bastantes cacharros con los que luchar, va y aparece este invento del Demonio. Recuerdo cuando se empezaron a popularizar. El que conseguía hacerse con uno ya se preocupaba de que todo el barrio se percatase de ello. Se paseaba de un lado al otro de la plaza gritando a viva voz con el único objetivo de que la gente supiese que tenía un móvil. Aquellos ladrillos, comparado con lo que hay ahora, no tenían nada. Eso sí, eran increíblemente robustos y podías ponerlos como calzador debajo de la pata de la cama sin problemas.

Yo, sinceramente, tardé bastante en verle la gracia, o mejor dicho, la utilidad. Toda la vida había tenido mi teléfono fijo en casa y con eso bastaba. Si estabas en la calle y tenías alguna emergencia, pues ibas a la cabina y andando. Si alguien te llamaba y no estabas, pues ya volvería a llamar. Ahora si no devuelves la llamada o el WhatsApp en menos de 30 minutos ya están llamando a la Guardia Civil y a todos los hospitales de la ciudad a ver si te ha pasado algo.

Contrariamente a lo que la mayoría de la gente podría pensar, los informáticos somos los últimos en subirnos al carro de los últimos lanzamientos tecnológicos en lo que a poseerlos personalmente se refiere. A lo largo de todos estos años me han ido soltando la típica frase de: - ¿un informático sin móvil?, ¿un informático sin

WhatsApp?, ¿un informático sin tablet? ¿Sin Facebook?, etc... ¡qué cosa más rara! No, no hay nada raro en ello. Tiene una sencilla explicación. Y es que ya estamos todo el puñetero día rodeado de cacharros y sus problemas como para que también nos pongamos con ellos cuando ya ha terminado nuestra jornada. ¿Se lleva un paleta tochos y cemento a casa?; pues eso.

Por ello, mis familiares y amigos empezaron a caer poco a poco en la falsa necesidad de tener un móvil.

- ¡¡Mira el Nokia que me he pillado!!

- ¿Y para que lo quieres? – yo siempre pinchando...

- Joder, ¡pues para llamar!

- Claro, claro... ¿y no puedes llamar desde casa?

- Ya, pero ahora lo podré hacer desde cualquier sitio.

- Si no llamas nunca, cabrón, ¿ahora sí llamarás?

- Pues mira sí, ¿ves cómo tiene ventajas?

- ¿Y cuáles más?

- ¡Hombre!, pues imagínate que te quedas tirado con el coche en una carretera solitaria...

Esta era la situación más típica que siempre te planteaba alguien que se acababa de comprar un móvil. Era la justificación por excelencia. ¿Cuántas veces en tu vida te vas a quedar tirado con el coche en "una carretera solitaria"?; ni que esto fuera el desierto del Gobi.

Las empresas empezaron a dotar a sus empleados, con móviles. Los primeros fueron los comerciales y luego, poco a poco, fueron cayendo el resto. Los pobres imbéciles al principio se alegraban, luego maldecían.

Ciertamente, para depende que tipos de trabajo, hoy día un móvil es indispensable. Sin embargo, en las oficinas, el jefe tiende a "facilitar" un móvil a todo el que puede, lo necesite o no. Y el motivo no es otro que poder tener al pobre desgraciado en un puño. Poder controlarlo y llamarlo a todas horas.

- ¿Es que no viste el correo que te pasé ayer?

- Es que, como era domingo, estaba con mi hijo jugando y pasé del móvil. ¡Qué ocurrencia la mía!, no volverá a pasar...

En el caso del informático, no hace falta decir para que tiene que tener uno. No hay sonido más terrorífico sobre el planeta que la maldita melodía de tu móvil de empresa un sábado o domingo a cualquier hora. En cualquier otro puesto de trabajo, aunque el móvil te suene en esos días, es para comentar algún tema urgente, para que envíes un correo a no sé quién o cualquier otro tema del que debas estar al tanto. Y ciertamente jode. Pero en el caso del informático, si el móvil suena, es que "algo se ha roto". La angustia de estar de fin de semana o, peor aún, de vacaciones, y tener que llevar encima ese aparato infernal es indescriptible. El vuelco que te da el corazón cuando suena, aunque sea un WhatsApp o mensajito, no se lo deseo a nadie. Lo has oído, no sabes que es, pero lo que es seguro es que no será nada bueno.

Sábados y domingos, días laborables por la noche, a las horas más intempestivas cuando ya estabas tirado en el sofá en pijamita viendo la tele, he tenido que ir a la oficina por los más diversos problemas. Si amigos. Nuevamente ¿en qué puestos de trabajo pasa eso? Desde luego no en los más habituales de una oficina. Y, por si quedase alguna duda, gratis, por supuesto. Apúnteselo futuro informático.

Claro que esas han sido las situaciones más radicales, pero en 20 años, han sido muchas. Otras veces lo podía solucionar conectándome remotamente, pero, aun así, ya te había jodido el fin de semana, la noche, o lo que fuese. He llegado a salir sin llevarme el móvil a propósito sólo por desconectar, a ver que se sentía. La dulce sensación de que nadie te puede localizar es maravillosa. Hoy día es una práctica que realizo normalmente. Si salgo, salgo; el puto móvil se queda en casa. Descubres que no se acaba el mundo si estás un par de horas sin él. Si alguien te quiere localizar, pues como cuando sólo existían los fijos, que vuelva a llamar.

Por todas estas nefastas experiencias tardé en tener un móvil personal. Si eso pasaba con la empresa, con la familia y amigos iba a ser igual de agobiante. Pero claro, te casas, tienes hijos, y piensas que tienes que estar localizable por si "pasa algo".

Por si el futuro e iluso informático no lo sabe, el menda también se tuvo que encargar de las tarifas de los móviles, de controlar la facturación y de rendir cuentas si *el listo* se había pasado consumiendo datos. ¿Repasar facturas no es cosa de administración?, pues en lo que concierne a los móviles no. El informático se tiene que encargar de ello. Deberás repasar las facturas, reclamar abonos si corresponde y pelearte con el pesetero del comercial de turno. ¿Por qué?, porque como he comentado en capítulos anteriores el informático se encarga de todo lo que se enchufe y lleve botones.

En una de las empresas que trabajé dije "hasta aquí". Harto de ver como los habituales esparcemierdas se quitaban y delegaban trabajo cada dos por tres, pensé, con argumentos, que yo también quería delegar. No tenía por qué encargarme de las facturas de consumo telefónico. Yo compraría los móviles, los configuraría y los repararía, pero de las facturitas se iba a encargar el departamento correspondiente. Sabiendo de antemano las tarifas contratadas, eso lo podía hacer cualquiera de administración. Ya no sólo era el tiempo que me quitaba de mi actividad habitual informática, si no por los numerosos encontronazos que tuve con la controller que llevaba esos temas. A menudo alguien se pasaba del consumo. A veces lo reconocía y otras no. El problema era cuando no. Venía la controller y me pasaba la factura del tecnológico. Se había ido de viaje dos días a chiquitistán y la broma ascendía a 300€. Pero claro, el menda "no había hecho nada" y, según él, solo había llamado "un par de veces" y sólo había enviado "dos correítos de nada". Luego había tratos de favor; con depende que personas se lo permitían todo, y la cosa quedaba en que era una confusión o "error" del operador que nos había cobrado de más y, por ello, el tonto que escribe, tenía que ponerse en contacto con el operador de turno y mentir en nombre del tecnológico diciendo que algún problema habrá habido, porque el usuario ha sido bueno durante el viaje y no ha tocado el móvil ni con un palo. Por supuesto, la amable señorita, tenía acceso al consumo que el pollo había hecho durante el viaje y te explicaba de dónde había salido semejante consumo. Pero a la controller eso no le convencía porque su querido amigote tecnológico decía "la verdad". Como si fuera un niño al que la profe le entrega un ejercicio para que lo repita, me devolvía la factura y me hacía volver a llamar al operador para decir que eran unos mentirosos. Aquello fue, no la gota, si no la catarata que colmó el vaso. Tan agobiado estaba que preparé mi discurso y entré en el despacho del jefe. Le expliqué el problema y le plantee la situación:

- Soy informático ¿no? Bien, sabes perfectamente el trabajo que tengo y nunca me he quejado. Se me ha endiñado el tema de los móviles y lo he hecho. Ahora, lo que no voy a aguantar es estar horas, no sólo revisando facturas, trabajo que debe hacer administración igual que revisa las del agua o la luz, si no reclamando una y otra vez abonos a los que a la controller se le mete entre ceja y ceja como el caso que te he explicado. Ahora bien, si quieres que lo siga haciendo tu mandas, lo hago, pero luego si no sale el resto de trabajo que tengo con toda la informática no es cosa mía. Estoy sólo, y llego a lo que llego.

Pues me hizo caso. Fue una de las poquísimas ocasiones en las que he podido delegar parte de un trabajo en principio destinado a mí.

No hace falta comentar la cara de la controller cuando vio la satisfacción en la mía.

Después de aquel día, una de las cosas que siempre he intentado hacer ante alguna situación injusta, es ir directamente al mandamás, al jefe supremo, al puto amo. Hay de todo, pero por desgracia abunda la mezquindad y mediocridad en los jefes "intermedios". En muchos casos, el propio jefe supremo, no tiene ni idea de lo que está pasando o la información que le llega está sesgada, interesada y manipulada, por lo que hablar con él directamente ante situaciones contradictorias es altamente recomendable, siempre que sea una persona más o menos accesible. La informática en la empresa es algo muy serio, vital e imprescindible, por ello, si tienes la aprobación del que más manda, el resto deberá callarse. Por hacerle caso a quién más manda nunca nadie te va a recriminar nada.

Volviendo a esta roñosa review del mundo de los móviles que estoy haciendo, la evolución en el tamaño de los terminales fue muy curiosa. Primero eran enormes, altos y anchos, imposibles de llevar en un bolsillo. Luego cada vez los fueron haciendo más pequeños. Se convirtieron en bastante portables. Pero, como si de un pique entre marcas se tratase, cada vez se iban haciendo más diminutos, casi tanto que llegó un momento que resultaba difícil marcar los números, ya que, en aquel entonces, la pantalla no era importante, por lo que se podía reducir su tamaño a lo indispensable para poder marcar. Pero apareció el primer IPhone con pantalla táctil y, de repente, la pantalla volvía a ser vital, pero claro, cada vez había más aplicaciones y queríamos más interacción con dicha pantalla, con lo que otra vez a aumentar su tamaño.

Al volverse los terminales más potentes, con su propio sistema operativo y aplicaciones, de repente, en la empresa, el informático ya no sólo llevaba la facturación de los móviles, sino que, el poderse configurar el correo en el móvil, navegar, instalar aplicaciones, etc.., hacía que también se encargase del mantenimiento de éstos como si de ordenadores se tratase. La mitad de los usuarios de la empresa tenía móviles, por lo tanto los problemas se multiplicaban.

Ya no era suficiente con conocer a fondo los diferentes sistemas operativos y aplicaciones de un PC o servidor, si no que debías ser un experto en WhatsApp, Instagram, Navegadores GPS, Maps, etc...
.

Avances tecnológicos=problemas.

La gente, en su vida privada, es un crack con el móvil. Se manejan a las mil maravillas. Se configuran sus musiquitas, sus alarmas, sus aplicaciones, sus fondos de pantalla; lo que haga falta. Pero en la empresa no. Saben hacerlo, pero no les da la gana, que para eso estás tú.

- Buenos días. Te dejo mi móvil; que vaya mierda…

- ¿Qué le pasa? – para el "tecnológico" aquí todo siempre es una mierda.

- Que me llega un WhatsApp y no vibra, ni suena ni "ná".

- ¿Pero has tocado algo?

- ¡Qué coño voy a tocar!

Tiene de fondo de pantalla la foto de sus horrendos hijos y la melodía de "El coche fantástico" para llamadas, pero él no ha "tocado nada"…

- Hombre, porque cuando os entrego el móvil os lo dejo todo bien configurado.

- No; si hasta ahora había ido bien, pero, "de repente", ha pasado esto. He mirado mi WhatsApp personal y está todo igual.

"De repente" es una de las 5 expresiones más utilizadas por los usuarios. Los cacharros tienen vida propia, en el momento menos pensado, "de repente", se revelan.

(Miro las configuraciones de las alertas de sonido y todo parece estar bien, pero ciertamente no avisa cuando llega un mensaje).

- Pues se habrá quedado "pillado". Desinstálalo y vuélvelo a instalar, seguro que con eso se arregla.

- Para eso lo traigo. Para que lo hagas tú.

- ¿Pero no dices que tienes WhatsApp personal? Ya sabrás como instalar y desinstalar ¿no?

- Sí, pero "no quiero estropear nada".
(*Sí; las uñas te vas a estropear...*)

- Ya, claro. Pues déjalo y lo miro cuando pueda.

- Lo necesito para dentro de una hora sin falta que me voy y ya no vuelvo.
(*Si, como no, la historia de mi vida. Lo raro es que no lo necesitase en todo el día...*)

Aquí, tal como comentaba en capítulos anteriores, la presión cae nuevamente sobre ti. Tu trabajo les importa una mierda. Da igual lo que estés haciendo. Paren máquinas. Déjalo todo porque el "señor" necesita su WhatsApp en una hora. Al no encontrar solución al problema, has sugerido desinstalar e instalar la aplicación. Pero, ¿y si sigue sin funcionar? Tú no trabajas en WhatsApp, no sabes más de la aplicación que un chaval de 16 años. Es más, seguro que el chaval, que está todo el día dale que te pego al móvil, sabe más que tú. Pero ahí estás, desinstalando e instalando el maldito WhatsApp, rezando para que funcione y poder entregarlo al colega antes de la línea roja de la muerte que amablemente te ha marcado.

En este caso conseguí que funcionase y el señor se llevó su móvil a tiempo la mar de feliz dándome una y otra vez las gracias por mi rapidez y eficiencia… ¡Que te lo has creído!.

- ¿Ya está mi móvil?

- Si, toma.

- A ver….

- ¿Y mis whatsapp's?

- ¿Cómo que tus whatsapp's…?

- ¡Que no están tío!, se han borrado, y mis fotos, mis videos,… me cago en….

En mi angustia y con las prisas por que el señor tuviese su móvil a tiempo había olvidado realizar un backup de sus chats de WhatsApp. Cómo odio los putos móviles.

Al usuario no le expliques historias. Ninguno te va a decir que lo importante es que ya le funcione el WhatsApp, siempre te recordarán una y otra vez lo que no has hecho. Aquí no había discusión posible. Sí, cagada mía. ¿Me iba a justificar diciendo que si lo hubiese hecho él (como así tenía que haber sido) tampoco se habría acordado? ¿Qué había sido porque tenía mucho trabajo y con las prisas se me había pasado? ¿Que lo importante era que ya lo tenía funcionando? ¿Qué por qué lloriqueaba tanto si lo único que había perdido eran memes y videos guarros?

Lo único que podía hacer es asumir mi gran culpa, disculparme y, en cuanto se fue, maldecir de nuevo una y otra vez a los putos móviles de mierda.

En otra ocasión, a algunos usuarios, no les sincronizaba el correo en sus móviles. Si tú tienes tu correo en el móvil, una vez configurado, verás que no tiene mayor historia. Si tienes cobertura, recibes y envías. Sin mayor misterio. Pero estos cacharros, como tienen vida propia y saben que hay un informático detrás a quien destrozarle la vida, pues decidieron revelarse y decir que no descargaban más correo. ¿Por qué?, ni puta idea.

Eliminaba la cuenta y la volvía a crear. Todo bien, pero al día siguiente vuelta a empezar. Probaba su cuenta en otro móvil y hacía lo mismo. Actualizaba Android y nada. No había ningún problema en el servidor con estos usuarios. Los buzones no estaban llenos ni la memoria del terminal; había buena cobertura, era primavera y los pájaros cantaban felices. Pero estos pequeños cabrones no querían descargar el correo y punto.

Contacté con una empresa que, de vez en cuando, me echaban un cable con casos extremos. Pero, después de varias pruebas, su respuesta me dejó más preocupado si cabe. Tampoco tenían ni idea.

- Es que todo está bien…- me decían temerosos y muy extrañados sin saber qué hacer.

Precisamente porque lo sufro a diario, las pocas veces que he delegado algo, me muestro comprensivo, paciente y colaborador. Entiendo el problema y entiendo que no tengan ni puta idea. Cuando algo debe funcionar y no lo hace sólo queda empezar a probar "absurdidades", cosas fuera de toda lógica, esperando que suene la flauta.

Después de ingeniármelas de mil maneras y capear cada día con el impaciente usuario, conseguí que funcionase. Parece ser que había que eliminar unos cuantos correos donde se quedaba parado descargando. Esos correos no tenían nada de especial, incluso eran internos, pero algo tendrían que eliminándolos todo volvió a la normalidad. Ni Android (el propio fabricante), ni la empresa que nos daba soporte (en cuyo haber tenía varias medallas Microsoft y certificaciones) habían conseguido dar con la solución. Sólo el puto, miserable y solitario informático lo había conseguido con sus técnicas de prueba y error, soportando diariamente el malhumor del propietario del cacharro que no podía recibir sus tan ansiados correítos.

Y llega aquí el otro gran problema de los móviles. Las salidas al extranjero. Da igual que te hayan avisado, da igual que hayas activado las tarifas correspondientes y avisado al operador. El desgraciado, nada más pisar suelo extraño, se quedará sin datos o voz. Recibirás una "amabilísima" llamada del usuario desde en algún hotel de no sé qué país diciéndote que, desde que se ha bajado el avión, su móvil "no va".

Resoplas y llamas al querido operador móvil.

- Pues este número lo tiene todo bien activado señor.

- Pues muy bien, pero me dicen que no tienen datos ni voz. Y lo quiere para YA, si no, muere….

- Dígale que apague y encienda y, si continua sin tener cobertura que busque manualmente un operador de la zona. Si no que nos llame al 902 blablablá y si no que….

Todo esto hay que transmitirlo al desgraciado que está de viaje con ninguna seguridad de que vaya a hacer todo correctamente tal como se lo vas a transmitir.

Muchas veces adjuntamos el número de teléfono del operador habilitado para asistencia en el extranjero; pero los flojos prefieren llamarte a ti, para que seas tú el que tenga que lidiar con ellos.

Al final, la cosa se resuelve de las más variadas maneras según el caso: o no tenía cobertura, o el operador ha bloqueados los datos por algún motivo o vete a saber que más. No es culpa tuya, si no del operador y los contratos o acuerdos que tiene con el país al que se viaja; pero nuevamente el usuario vuelve de mala leche y ya procura que los jefes se enteren de que no ha podido reportar nada de su trabajo porque su mierda de móvil no tenía cobertura. Eso desemboca en llamadita del jefe para que le des explicaciones de porque el usuario no tenía móvil. Por fortuna conservas (debes) todos los correos que has intercambiado con el operador avisando que el tal número viaja a tal país, las tarifas que has contratado y su explicación de que no tendrán problemas.

Nota para futuros informáticos:

- Con operadores móviles, TODO por escrito.

Eso no quita que, el jefe, tan dado a sentenciar con temas que no conoce, te vuelva a soltar por enésima vez aquello de que "… pues le vamos a denunciar porque, blablablá..." y después "…hay que cambiar de operador porque blablablá…". Como él no gestiona nada de esto, estaría cambiando cada tres meses; le harían una rebajilla de bienvenida y así tendría la última versión del iPhone; pero al año otra vez igual.

Pobre ingenuo. Estos problemas son universales y todos los operadores son iguales, si no hay estos problemas habrá otros. Son todos la misma mierda con diferente nombre.

Capítulo 9

Las putas tablets

No hay cosas sin interés. Tan sólo personas incapaces de interesarse.

Anónimo

El mundo en general se entusiasmó con la llegada de las tablets…; todo el mundo menos el informático de la empresa. La gente se sube al carro de la novedad, adquieren una tablet pensando que es un portátil sin teclado pero no tardan demasiado en darse cuenta de que hay cosas que no pueden hacer tan alegremente como lo hacen con un portátil o pc. Y ¿a quién recurren?, al pringado del informático. La tablet es personal, pero diciendo que quieren conectarse a la intranet de la empresa, por ejemplo, ahí ya tenemos la excusa perfecta para que el tonto del informático les solucione la papeleta, especialmente si este es el jefe de turno. No se va a conectar nunca, pero hasta que no vea que puede hacerlo no se queda tranquilo.

Ya me ves entonces buscando por medio Internet información sobre cómo solucionar los diferentes problemas que dan las tablets; por supuesto si es un Ipad serán unos y si es uno con Android serán otros, así me entretengo más, que bien. De esta manera, si no tenías bastante con hacer que todos los cacharros de la empresa funcionasen correctamente ahora debías estrujarte también el cerebro con las putas tablets.

Una vez un usuario me trajo su recién adquirida Tablet y me la encalomó para que le instalase o le arreglase algo que ya no recuerdo. El caso es que, cuando le comenté que con una tablet no podría hacerlo me soltó:

- Y, entonces, ¿para qué me la he comprado?

Como si yo le hubiese obligado. El colmo. A veces por sus caras creo que piensan que no tengo ni puta idea. No pueden admitir que se han gastado 400 euros en un bicho con el que luego no pueden hacer una determinada cosa o tengan que bajarse alguna aplicación que cuesta x euros para poder hacer algo concreto. Es imposible que les entre en la cabeza que no es un ordenador al uso. Nuevamente la falta de información por parte de algunos se convierte en una la lacra para el informático, que debe aguantar malas caras y comentarios como si tú hubieses fabricado el cacharrito en cuestión.

Un buen día te viene el "listo".

- Oye, con esto de los tablets ¿para qué queremos ya un ordenador? ¿cuándo nos vas a poner una?

- ….buff… Mira, a ver cómo te lo digo. Para empezar no puedes usar un tablet para trabajar aquí porque no hay app's de los programas que utilizamos y, aun así, sería inviable por como tenemos montada la red, cosa que no voy a entrar en detalles, además de incómodo para estar trabajando a diario, etc…

Pero un buen día aparecen con su flamante tablet comprado de oferta en el "carrefull"; entran en tu despacho con una sonrisa. Enseguida sabes que vas a pringar.

- Mira, me he comprado esta tablet para ir por ahí y poder leer correos y tal…

- Ya tienes el smartphone para leer correos.

- Ya, pero aquí puedo hacer "más cosas". ..Bueno, que a ver si me puedes ayudar para conectarme a la wifi y querría instalarme también esto y lo otro….

- No.

- Ja, ja... bueno, ¿cuándo te lo podrías mirar?

- Que no, que paso, es un cacharro tuyo, no de la empresa.

Ante esto el usuario ya se mosquea y saca su arma secreta a modo de amenaza:

- Es que lo voy a necesitar para trabajar y conectarme a la empresa, y...

- Mira, no me vengas con esas porque para eso ya tienes tu portátil, de eso sí soy responsable, de esto no.

Siempre he sido muy servicial, al menos así me lo decía mi madre, pero es que a veces tienes que armarte de valor y saber decir no, si no, te vas a comer un marrón que no te pertenece, además de que te vas a dejar la piel haciendo un favor a un desagradecido y lo único que vas a conseguir es que te venga cada vez que tenga un problema y cada vez con más exigencias.

Ahí va otra:

- Heyyyyy!! , que passsaaaa nen!!!!
(*Vale, ya no sé qué iba hacer. Veamos que cojones quiere este.*)

- Te comento una cosilla.... ¿no podríamos tener una Tablet. Un Ipad si puede ser...
(*Claro, porque con otro modelo no hay quien trabaje...*)

- Es que verás. Ya sabes que a veces vamos a reuniones por ahí y joder..., todo el mundo con sus tablets cojonudas y sus Iphone's y nosotros tenemos que ir con un portátil del cuaternario. Ya no es por trabajar...

(*Vaya, ¿no me digas?*)

- Es para dar un poco de imagen, que a veces damos pena.
(*A veces no…*)

- Pues bueno. – me encogí de hombros - Díselo al puto amo.

- Hombre…, yo creo que mejor se lo digas tú que, como es un cacharro "de los tuyos" te hará más caso.
(*"de los míos" dice…*)

- ¿Qué le pida yo un Ipad para ti?

- Para mí solo no, para todos, que más de uno también me lo ha comentado. Que se guarde por ahí y, si alguien lo necesita que lo coja.

Esto, que a priori puede parecer la mar de solidario, no tiene nada de ello en absoluto. Nadie ha pedido nada, sólo él. No es más que una excusa para que no parezca que únicamente él es el que quiere un Ipad que, al final, siempre lo tendría en su poder casi a título personal, que es lo que persigue.

- Mira, yo no voy a pedir nada al jefe porque ya se te compró un portátil precisamente para esas reuniones y viajes. Si realmente lo necesitas se lo pides a él que es quien tiene la pasta.

Por supuesto, como en esta ocasión, nunca van a al jefe a pedir nada, prefieren decírselo a el informático y que seas tú el que "luche" por él para conseguirles los caprichos.

- ¡¡"Mú guenas"!! – se presenta uno de los jefecillos del departamento de ventas – mira, te traigo la tablet de mi hija que no sé qué pasa que no tira…

(Si, "te traigo"…, así como suena)

- ……

- Ves – como si me interesase y diese por supuesto que se la voy a arreglar me la pone delante de mis narices y la enciende.- … nada, es imposible abrir nada…venga por fa, échale un vistazo anda…
(*Venga, por fa, llévame el coche a lavar…*)

-… ahora no puedo…
(*Por que, por si no te habías dado cuenta, esto es una empresa, yo trabajo de informático, estamos dentro del horario laboral y tengo muchas mierdas que resolver.*)

- Tranqui. ¿Vengo luego a por él?

- … (léase aquí mirada asesina)…

- Bueno…, si puedes mirártelo…
(*Vaya, parece que ha caído en que no todo es aquí y ahora*)

- … déjalo y cuando pueda te lo miro… ya te lo llevaré yo.

(Esto no es por amabilidad, es para que no aparezca por la puerta cada hora preguntando si ya está arreglado)

- Venga, gracias.

Hasta al cabo de dos días no pude (no me salió de los huevos) mirárselo. Aquello no era una tablet, era como mirar debajo de la cama de un reumático. Tenía más mierda que el palo de un gallinero, y no me refiero sólo a todas las porquerías que tenía instaladas. La hija, adolescente supongo a juzgar por las dos millones de app's que tenía instaladas, había saturado a la tablet de tal manera que era prácticamente imposible abrir nada en un tiempo decente y mucho menos moverse por el sistema. Tampoco había que ser ingeniero del acelerador de partículas para darse cuenta de que solución estaba en, o bien empezar a desinstalar aplicaciones hasta ver si aquello tiraba o bien restaurar el sistema a estado de fábrica para asegurarse de haber eliminado todo rastro de porquería.

- Te traigo el bicho – así y de otras maneras, a cuál más cruel, llamo a todos los cacharros que caen en mis manos y que hacen de mi vida un lugar tan agradable.

- ¿Qué bicho?
(*No me tientes a hacerte una coña…*)

- Tu tablet.

- ¿Ya está arreglada? ¿qué le pasaba?
(*Tranquiiiilooooo…..*)

- No. Te cuento. – Le expliqué el evidente problema.

- Pues, ¡bórralo todo!

Como "ellos" parecen no pensar, eres tú el que tienes que advertirle de las consecuencias de hacer eso.

- Sí, pero aquí hay aplicaciones y, sobre todo, fotos y videos que quizás tu hija necesite. Se borrará todo.

Nuevamente, no les das explicaciones por amabilidad, sino porque, si les hicieses caso, al día siguiente te traerían de nuevo el cacharro echándote la culpa de que sea borrado todo y que se lo soluciones.

- ¡A tomar por saco!

- Pero…, a ver. Pregúntaselo a tu hija, ¿no?

- … bueno… copia si puedes las fotos y videos, vaya que…
(*No, si lo iba a hacer igualmente, que ya os conozco…*)

El problema es que las tablets, por su tamaño y peso, son muy fáciles de transportar, motivo por el cual al gorrón no le cuesta nada llevársela consigo encima a la empresa para que, de forma amable, rápida y desinteresada, le resuelvas todos sus problemas.

Capítulo 10

Los putos correos

No te preocupes si no funciona bien. Si todo estuviera correcto, serías despedido de tu trabajo.

Anónimo

¡Ay! los correos, si yo os contara. Difícil capítulo, no sé ni por dónde empezar. En capítulos anteriores ya he dado pinceladas de la relación que tienen el usuario con sus correos y sus diferentes cacharros. Hoy día, en las empresas, es el medio más utilizado de comunicación. Es muy útil, todo queda por escrito, puedes adjuntar documentos, suele ser rápido,….

- Ring, ring, riiiiiiiiiggg……

- ¿Si?

- ¡¡¡¡¿¿¿Y MIS PUTOS CORREOSSSSS??!!!!

- Buenos días…

- ¡No están tío!, tenía unos 20 sin abrir en la bandeja de entrada y ahora no están… joder, joder, como se hayan perdido…. ¡¡¡Encuéntramelos ya!!!

No te voy a aburrir con las diferentes formas de recuperar correos eliminados cuando realmente lo están. De lo que se trata nuevamente son de las malas maneras y exigencias de determinados personajes. Excepto en supuestos técnicos muy puntuales, los correos los ha eliminado el propio usuario involuntariamente. Él lo sabe, pero sus armas para delegar toda su responsabilidad y encalomarte a ti la tarea de buscarlos es ampararse en frases como: "han desaparecido", "se han perdido" o "no están", es decir, en tercera persona, como si los correos tuviesen vida propia y hubiesen decidido autodestruirse o moverse a su antojo por las diferentes carpetas. Eso, o que hayan sido "los putos informáticos" que han hecho "no sequé" y se me los han cepillado. Cuando lo que deberían decir es "los he borrado o movido sin querer". Por lo general o bien se han movido a alguna de las doscientas mil subcarpetas que tienen creadas a modo de archivo o se encuentran en la carpeta de "Elementos eliminados". Se seleccionan varios correos a la vez sin querer debido a los nervios con los que trabajan algunos usuarios y ello provoca que involuntariamente se arrastren o eliminen. Lo más sencillo, pero muy borde por tu parte, sería responder un:

- Los correos no "desaparecen", tú los habrás movido o eliminado sin querer. Búscate la vida.

Muy feo, ¿no?. Pero pese a haber insinuado que la informática o el informático es el culpable de su estupidez, debes tragarte el orgullo y ayudarle a encontrarlos. Normalmente basta con decirle que te diga algún asunto o remitente que recuerde para lanzar una búsqueda y aparezcan.

Otro tema recurrente y desesperante es cuando envían un correo y el destinatario les dice que "no le ha llegado". El destinatario no es tonto, se despoja de toda responsabilidad y le dice al usuario que el problema será nuestro. El usuario por supuesto te llama y te cuenta:

- Ring, ring, riiiiiiiiiggg……

- ¿Si?

- Mira, que enviado un correo a la empresa "superfistros" y me dicen que no les ha llegado…, y dicen que no tienen ningún problema

- Claro...
(*Para qué comprobarlo no?, que lo miremos nosotros*)

- Bueno, a ver, ¿les has enviado otras veces? ¿la dirección es correcta?

- Si, les he enviado correos otras veces sin problemas a esta misma dirección.

- Por nuestra parte todo va bien, ¿Has enviado hoy otros correos a otros destinos y han llegado?

- Sí.

- ¿Le puedes enviar un correo desde otra cuenta, por ejemplo una Gmail a ver si le llega?

- Si, ya lo he hecho y tampoco le llega.

- Pues está claro, es un problema de este tío únicamente.

Hay ocasiones en que es fácil discernir si es un problema tuyo o no. En estos casos, si tú no has hecho ningún cambio, tus sistemas están funcionando, tienes Internet, el resto de cientos de correos que salen de tu empresa llegan con normalidad y nadie se ha quejado, es obvio donde está el problema.

Ahora viene la peor parte que es hacerle entender al destinatario que es problema suyo. Pueden darse dos casos. Que tengan departamento de informática o no. Cuando no lo tienen es porque se trata de empresas muy pequeñas, con una conexión a Internet, unos cuantos ordenadores y el correo con algún servicio gratuito de dudosa calidad, con cualquier gestor de correo o vete a saber con qué proveedor. Aquí, casi eres tú el que, gratuitamente, debes dar soporte al cliente sin ser obligación tuya porque el usuario de tu propia empresa debe hacerle llegar esa información y él mismo muchas veces te pide que ayudes a su cliente a ver porque no ha podido recibir su correo.

Si tienen departamento de informática es casi peor. Si das con un compañero de profesión al que el orgullo le puede, quizás no quiera reconocer ningún fallo en su estructura.

- Ring, ring, riiiiiiiiiggg...... (aquí soy yo el que llama)

- Hola, buenos días, soy Leroy de "Mierda-empresa" ¿eres Pepe de "Más mierda aún"?

- Sí.

- Me han pasado tu contacto y te llamo porque tenemos algunos usuarios que están intentando enviaros correos y son devueltos. Era para saber si estáis teniendo algún problema o habéis hecho algún cambio recientemente de....

- No. – interrumpe.

- Bueno…, es que llevamos trabajando con vosotros desde hace cinco años y nunca hemos tenido problemas y ahora, de repente, nos rebotan todos los correos que os enviamos.

- Solo hemos cambiado el antivirus…, pero eso no es…

- Ehhmm..., bueno..., si podría ser eso. Igual por alguna configuración errónea se está cepillando todos nuestros correos pensando que son spam y por eso no os llegan.

- Nosotros tenemos configurado nuestro antivirus/anti spam y nuestro servidor de correo con la norma "mierda-norma642/caca" y la "caca-pedo-pis/65" que son "internacionales", en todo caso sois vosotros los que os debéis ajustar a esta norma.

- Si no lo dudo, pero hay una cosa muy clara. Ayer os podíamos pasar correos y hoy no. Nosotros no hemos hecho cambios y vosotros sí. Creo que es obvio. Además, si es una mala configuración os va a pasar con más gente y…

103

- Repito – interrumpe - que lo tenemos todo bien configurado y…

- Y nosotros también – interrumpo yo - … A ver. ¿Por qué no nos añadís en vuestras "listas blancas" y acabamos con esto.

(Añadir un domino a una lista blanca significa indicar que ese domino es de procedencia segura y así dejar pasar todo el correo sin analizar)

- ….. no puedo hacer eso…, aquí ya lo tenemos todo bien. Repito, sois vosotros los que tenéis que modificar vuestros servidores para que cuando enviéis…

- Vamos a ver. Enviamos miles de correos al día. Repito. Miles de correos al día a diferentes países del mundo y sólo tenemos problemas con vosotros, ¿el resto del planeta tienes mal sus servidores y vosotros no?

- Me remito a lo que te he dicho…

- Vale. Pues yo me voy a remitir a mi responsable para que le explique al tuyo el por qué no podemos enviaros correos. Gracias por atenderme.

Este caso verídico (como todos los que expongo por si hay alguna duda) terminó efectivamente hablando el jefe del departamento afectado de mi empresa con su contacto de esa empresa. Al día siguiente nos añadieron en sus "listas blancas" y se acabó el problema. Durante los dos días que duró el problema, los usuarios de mi empresa desesperados, y con razón, porque no podían enviarles correos. Pero claro, ¿con quién se desahogaban y quejaban? Por más que les explicaba yo el problema les importaba una mierda. Y en esta ocasión lo entiendo. Pero si yo quiero entrar en una casa y no me quieren abrir la puerta sabiendo que soy yo no puedo hacer nada.

Como ya he comentado en el capítulo dedicados los putos móviles, otros de los frecuentes y famosos problemas en lo que al correo se refiere, es tener configurado este en el móvil y en el PC (como mínimo). Te vuelven loco.

- Tío, a ver,… - irrumpe en tu mesa.
(*No se avecina nada bueno…*)

- Buenos días.

- Sí, eso… Ayer estoy por la noche en mi casa y envío tres correos - (pues que vida más triste) - súper importantes. Llego aquí y no están en elementos enviados de mi Outlook. ¿Qué coño ha pasado?

(*Si supiese todas las respuestas y al momento iba a estar yo aquí... Por cierto, deja todo lo que estás haciendo, manos arriba, tu trabajo no es importante, ahora sólo importan sus tres putos correos. Otra mierda, Dios mío, ¿Por qué me dedicaría yo a esto? ¿Lo he dicho ya?*)

- Pues no sé. A ver, déjame tu móvil y dime cuales son.

- …ehhmmm… pues ahora no los veo... ¡pero yo los envíe!, me han confirmado que los han recibido.

- Pues por lo que sea aquí no están, por eso no están tampoco en tu Outlook. A ver si están en eliminados, en "recuperar elementos eliminados" o en cualquier otra carpeta de tu correo. Dime el destinatario, asunto o lo que sea.
(*Que bien me lo estoy pasando*)

- Para "@tontopollas.com" y asunto algo así como "Resumen reunión"

- No aparecen por ninguna de esas cosas. ¿Y te dicen que los han recibido?

- Si.

- Pues lo siento pero como si no los hubieses enviado. Tienes correos anteriores a esa hora y posteriores, pero esos que dices no.

- ¿Y ahora qué?

- Lo que podía hacer ya está hecho. Si quieres pongo la copia de seguridad a ver si aparecen.

- Pues claro.
(*Sí, claro, a ti que más te da…*)

Pues no aparecieron. El qué pasó con estos correos fue un misterio. Después, pensando en ello, quizás lo envió sin darse cuenta desde alguna otra cuenta suya personal. O bien, queriéndolos consultar, quizás los eliminó sin querer con tan mala pata que justo la copia de seguridad había pasado ya su buzón por lo que estos correos no quedaron recogidos.

Puede haber dos maneras de tener los buzones de correo de una empresa. Dentro, con un servidor propio, o fuera, con un servidor/proveedor externo. ¿Mi consejo? ¡¡¡Fuera por favor!!! El sufrimiento constante de que el servidor de correo "pete" por cualquier motivo no compensa para nada lo que te puedes ahorrar en no tener un servidor externo de correo. Cuantas veces….

- Ring, ring, riiiiiiiiiiggg……

- Hola...

- Oye, ¿qué no va el correo? Ni a mí, ni a él cansino, ni al esparcemierdas nos funciona…

- Pues…, no sé, déjame ver…
(Sudores fríos te recorren la espalda…)

Vas al servidor de correo y ¡plas!, la base de datos donde se almacena el correo se ha "desmontado" porque ha encontrado alguna "inconsistencia" y ha decidido que hoy no te vas a ir a casa a tu hora. ¡¡¡¡Dios!!!!!. Error 0x390j0993434 , ¿qué pollas es eso? Buscas en Google y te aparecen varias entradas de desgraciados varios como tú explicando cómo lo resolvieron. Por su puesto a ti no te funciona nada de lo que a ellos sí. Eres un caso único en todo Internet y en toda la historia de la informática.

Como este tipo de errores he tenido varios en todos estos años. Algunas veces un sector de disco se ha jodido y tienes que mover la base de datos a otra ubicación, otras algún correo o correos han dañado la base de datos, vete a saber porque, o bien tenían algún virus o algún elemento súper-raro que el sistema no ha sabido tratar. Otras veces estás llegando al límite de la base de datos (porque sí, también tienen límite) y en vez de avisar, ésta se desmonta y adivine usted que ha pasado. Una vez el correo no dejaba de "petarle" a la gente porque un usuario habría traspasado el límite de capacidad de las tareas de su Outlook debido a la forma que tenía de trabajar. Abría una tarea y dentro copiaba todos los correos relacionados con esta, aparte de tenerlos ya duplicados en su bandeja de entrada. Por supuesto el sistema no te avisaba de ello, tan solo avisaba de un error de límite. Ni de quien, ni cómo, ni por qué. Aquí, me hubiese gustado entablar una amable y tranquila conversación con los ingenieros encargados de diseñar el software y, sobre todo, los encargados de la redacción de los maravillosos y esclarecedores mensajes de error. ¿Para qué decir que "el usuario x ha llegado al máximo de capacidad de tareas permitidas" pudiendo dejar sin correo a todo el mundo y mostrando en su lugar el mensaje "error 0x390j0993434". Sería demasiado fácil. Joderte la vida y poner al límite tu estabilidad mental es la salsa de este oficio. Tener un servidor propio de correo es una bomba de relojería colocada en tu entrepierna. No lo toques, no respires, no hagas movimientos bruscos; que al señorito, como no le guste algo, se auto-detona y te conviertes en un "castrato".

Por ello lo aconsejable es tener tu correo externalizado. Que el proveedor se coma el marrón. Así solo dependerás de una buena conexión a Internet. He trabajado con Microsoft y Google; ambos tienen sus cosas buenas y sus cosas no tan buenas, pero lo que es seguro, es que un gigante tecnológico de estos tiene medios, gente y dinero para reparar o recuperar el servicio de correo en poco tiempo y de manera eficiente. Y lo que es más importante: ante cualquier problema le puedes echar la culpa a ellos. La cosa cambia bastante:

- Ring, ring, riiiiiiiiiggg……

- Hola...

- Oye, ¿qué no va el correo? Ni a mí, ni al cansino, ni al esparcemierdas nos funciona…

- Pues…, no sé, déjame ver… Si, parece que nuestro proveedor tiene algún problema con sus servidores. No creo que tarden demasiado en arreglarlo. Ahora les comunico la incidencia, pero vamos, estas cosas son generales, ya lo sabrán.

- Pues vaya mierda, ¿no? Ya les vale, que mal servicio, y blablablá…

- Bueno, es (Google/Microsoft, etc..., aquí va cualquier gigante de Internet), nosotros no podemos hacer nada. Si ellos, que son la polla, tienen problemas pues ya me dirás….

¡Hay que gusto! Por supuesto esto no quita que tengas el trabajo de tramitar la incidencia y lidiar con la queja de tu manada de zombies hambrientos de correos, pero el no tener la inmensa responsabilidad de solucionarlo lo compensa mil veces.

También es un gusto hablar con algún "compañero" informático orgulloso de otra empresa como he explicado en la anécdota anterior. La conversación es bien diferente:

- Ring, ring, riiiiiiiiiiggg…… (aquí soy yo el que llama)

- Hola, buenos días, soy Leroy de "Mierda-empresa" ¿eres Pepe de "Más mierda aún"?

- Sí.

- Me han pasado tu contacto y te llamo porque tenemos algunos usuarios que están intentando enviaros correos y son devueltos. Era para saber si estáis teniendo algún problema o habéis hecho algún cambio recientemente de….

- Nosotros tenemos configurado nuestro antivirus/anti spam y nuestro servidor de correo con la norma "mierda-norma642/caca" y la "caca-pedo-pis/65" que son "internacionales", en todo caso sois vosotros los que os debéis ajustar a esta norma.

- Nuestro proveedor de correo es Microsoft/Google, si tú crees que tu servidor de correo está correctamente configurado y el de ellos no pásales un escrito diciendo que están equivocados, igual te hacen caso…

Como cambia, ¿verdad? Normalmente, además, las incidencias son, anualmente, muy escasas y todavía no me he encontrado con ningún corte total del servicio. Las incidencias se limitan a cierta lentitud ocasional y cosas por el estilo.

Nota para futuros informáticos:

El correo de la empresa en la nube, FUERA, bien lejos…

Entrando ya en el uso puro de esta herramienta, deseo señalar, mejor dicho, casi diría denunciar, uno de los gestos más improductivos que se da hoy día en el mundo laboral en casi todo aquel que utiliza el correo para comunicarse. Se trata de la terrible manía de poner en CC (en copia) a todo Cristo. Basta ya de ese vicio. Surge de la falsa necesidad de, ante un problema o información importante, informar a quienes el usuario cree que deben estar al tanto de dicha información, enviando, por consiguiente, el mismo correo a cinco personas diferentes. En casos muy puntuales, tales como comunicados, se entiende que puede ser necesario, pero de lo que hablamos en este caso es de hacerlo por sistema de manera indiscriminada. Un ejemplo muy típico ocurre conmigo, con el informático. Me llega un correo de un usuario con un problema determinado para que se lo resuelva cuando pueda. Digo "cuando pueda" porque si fuese urgente habría llamado. Pero aquí llega el asunto. En ese mismo correo ha puesto en copia a su compañero o compañeros de departamento, al responsable del departamento e incluso al director. Sólo yo le voy a resolver el problema pero, enviando copia de su correo, indirectamente está diciendo a sus responsables que, si no hace un determinado trabajo, o va lento realizándolo, es porque tiene un problema con su ordenador. Que quede claro, ¿eh? Hasta aquí podría pasar. Pero, al cabo de un rato, aunque ya le hayas resuelto el problema, ya tenemos tres o cuatro correos más de aquellos a los que ha pasado en copia cada uno diciendo la suya. Unos preguntándome si ya está resuelto, otros dando su opinión y otros aprovechando el correo para insertar otro tema que no tiene nada que ver. Todo ello provoca, a su vez, nuevas respuestas que son reenviadas de nuevo a esos mismos usuarios que estaban en copia o, incluso, añadiendo nuevos si alguien ha considerado que también deben estar enterados. Un simple asunto entre el usuario y el informático que tan solo hubiese provocado un solo correo se convierte en veinte correos, inundando las bandejas de entrada con correos inútiles para la mayoría y con la consiguiente pérdida de tiempo para todos. Si los jefes del mundo fuesen conscientes de las horas mensuales que se pierden debido a esta manía se harían cruces.

Otra cosa "poco elegante" es el enviar un correo y poner a alguien en CCO (con copia oculta). Enviar un correo a alguien y con copia a otra persona para que el primero no se entere de ello. A veces, se entera, por eso es una práctica que hay que desterrar. Me han llegado a pedir como saber si un correo se ha enviado con copia oculta. Qué triste y feo entre compañeros.

Capítulo 11

Los putos virus

"El problema de los virus es pasajero. En un par de años estará resuelto"

John McAfee, 1988

Y si algo malo tienen los correos electrónicos es que, a menudo, nos llegan con virus o cualquier otro código malicioso. Un virus no es otra cosa que un programa hecho básicamente para joder. En los inicios, los virus informáticos eran desarrollados por los militares o servicios de inteligencia de determinados países como una forma más de ataque o espionaje hacia sus enemigos. Con la llegada de Internet a los hogares los espabilados de turno vieron una gran ocasión para poner en práctica sus conocimientos en programación y crear auténticas bombas de destrucción solo para jactarse de lo cracs que han sido infectando a miles o millones de ordenadores. Cualquier criajo con problemas de sociabilidad y desde su cutre habitación podía desarrollar algún virus con relativa facilidad. Hoy día la técnica se ha depurado ya que, además de joder, detrás suele haber algún tipo de objetivo económico. Una infección como Dios manda puede mandar a tomar por culo toda la información vital de la empresa. Por ello es necesario un sistema concienzudo de copias diarias de seguridad y, por supuesto, un buen antivirus y firewall para intentar mitigar estos ataques.

Hay pocas cosas en el mundo que a un informático le pongan el culo prieto. Una de ellas es la llamada de un usuario diciendo que ha abierto un documento que venía en un correo, le ha "dado un mensaje raro" y "de repente" se le ha apagado el ordenador. Por fortuna cada vez hay mejores programas para neutralizar estos virus, pero, antiguamente, a pesar de también existían los antivirus, estos eran un coladero. La de veces que he tenido que reinstalar Windows 95, por ejemplo, por culpa de los virus.

Muchos de los virus que llegan por correo electrónico utilizan la llamada "ingeniería social". Es decir, confían en que el receptor ejecute el archivo o enlace malicioso que adjunta para proceder a la infección. ¿Cómo lo hacen? Pues recreando unos correos que pueden resultarnos muy atractivos o familiares haciendo referencia a empresas que conocemos y que cualquiera de nosotros puede haber utilizado alguna vez como Correos, Endesa, Amazon, etc… El usuario es informado de que se le ha enviado un paquete a su nombre y se le invita a "pichar aquí" para saber dónde tiene que recogerlo. La mejor prevención es emplear el sentido común. No hace falta ser informático. Pero, aunque los usuarios cada vez están más concienciados, después de más de veinte años en esto todavía me requieren por estos temas.

- Ring, ring, riiiiiiiiiggg……

- Hola...

- Heeyyyyy ¿Cómo va todo?
(*Te importará mucho…*)

- Bien...

- Te llamo porque he recibo un correo "un poco raro" que no se si debo abrirlo… Es un enlace a Google Docs. y dicen que me envían unos documentos urgentes...

- ¿Conoces a quien te lo envía?

- No.

- ¿Estas esperando algo de un remitente similar?

- No.

- Entonces ¿Qué crees que debes hacer?

- Ya, bueno, supongo que eliminarlo por si acaso…

- ¡¡Muy bien!!

- Tío, que no soy tonto, encima que te llamo…

Es cierto. Muchos, al menos, llaman. Otros son infectados impunemente en sus máquinas particulares, en sus casas, porque quieren abrir compulsivamente todo lo que les llega al correo. La curiosidad lo puede todo y los que crean los virus lo saben. Hace un tiempo se popularizó enviar correos muy bien hechos simulando comunicados corporativos de varias entidades bancarias. Los correos alertaban desde que nuestra cuenta había sido desbalijada a que habían sufrido algún tipo de perdida de sistema y, por ello, nos pedían nuestro pin y número de tarjeta. La cantidad de gente a la que desplumaron fue histórica. ¿Verdad que si alguien te para en calle y te pide tu número de tarjeta y pin no se lo vas a dar? Pues ¿Por qué se lo das al primer correo que recibes pidiéndotela? Y es que parece que todo lo que nos llega de Internet es más formal, serio y, por consiguiente, debe ser verdad.

Otro de los focos de infección en las empresas son las temidas memorias USB. La gente se trae sus "pendrive" con el objetivo que llevarse "cositas a casa", copiarse pelis, cualquier cosa de otros compañeros o vete a saber qué. Algunos de estos bichos llevan más mierda que el palo de un gallinero. Cuando prohíbes o "capas" estos dispositivos se arma la de Dios. Entiendo la posible necesidad. Pero ¿entiende el usuario quien se las va a cargar si la empresa resulta infectada por culpa de su cochambrosa memoria USB? El limitar estas cosas te va a crear enemigos, pero dormirás más tranquilo.

Luego está el lado del antivirus. Ese programa que, supuestamente, debe protegerte. El propio término "antivirus" casi hace reír, porque, a menudo, no detectan una mierda. Y, a veces, más bien son ellos el virus. De hecho ya se sabe. La leyenda urbana dice que los virus los crean las propias empresas antivirus para poder seguir viviendo del cuento. Los antivirus tienen cierta mala fama porque son muy dados a ralentizar la máquina. Monitorizan todo lo que sucede en tu ordenador y ello provoca que, si la máquina no es muy potente y el antivirus deja mucho que desear, todo vaya muy lento y los cuelgues sean muy frecuentes. Afortunadamente esto también está cambiando y cada vez quedan más en segundo plano pasando casi inadvertidos.

La paradoja del antivirus es que no va a detectar los virus de reciente creación, puesto que, aunque se actualicen a diario, con la aparición repentina de un nuevo virus, los fabricantes del antivirus, analizan el virus en cuestión y lanzan la cura para que esté disponible en las actualizaciones de sus productos. Pero, para conseguir esa cura, pueden pasar días, por lo que llega muy tarde en algunos casos. Incluso, algunas veces, como en el caso del famoso Cryptolocker, no existe una cura tal cual, si no una serie de medidas preventivas para intentar pararlo en caso de infección. En las muy contadas ocasiones en las que he tenido alguna infección grave y, como es natural, tienes que dar explicaciones a ese ser superior que es tu jefe, le he intentado explicar todo lo que te he explicado a ti sobre que es un virus y como actúa. Sin embargo, al jefe no le vayas con hostias.

- Entonces ¿para qué coño tenemos un antivirus? ¡Y bien caro que es!

- Pues oiga, como si tiene una alarma en su casa y le entran igualmente.

- Tu siempre con esos ejemplos…

- Es que es verdad. Usted solo ve lo que ha pasado hoy, pero no todo lo que se ha evitado otras veces gracias al antivirus. Un antivirus, aunque esté actualizado, no detecta…

- Que sí, que ya…, no me des la brasa otra vez.

Como siempre, se trata de hacer pedagogía hasta que entienda que los riesgos existen y que ya se está haciendo todo lo posible para evitarlos, pero no hay nada infalible. ¿Debo tener siempre un antivirus actualizado? Si. ¿Me va a proteger de todo 100%? No.

Hace años hice un curso relacionado con la administración de servidores. Se me puso al lado un tío de lo más raro. Al cabo de unos días, cuando ya hubo cierta confianza (por su parte) me soltó algo un poco siniestro que me dejo pensativo.

- ¿Sabes qué?, normalmente no lo digo por ahí, pero tú me caes bien. En mi tiempo libre me dedico a diseñar virus o a modificar los que ya hay.

- Pues que cabrón ¿no? – dije riendo sin creérmelo demasiado.

- Me lo paso bien. De hecho pertenezco a una comunidad en la que nos "ayudamos" con estas cosas.

Me lo dijo muy seriamente y con una cara de loco que me hizo ver que no era cachondeo.

- En verdad estoy aquí a ver qué más puedo aprender sobre servidores para luego emplearlo en los virus que desarrollo.

- Y ¿Qué consigues con eso?

- El placer de poder hacerlo. También nos picamos entre nosotros a ver quién "llega más lejos". Mola ver en las noticias lo que está haciendo un virus que has ayudado a propagar.

No sé si algo de aquello que me dijo era falso, pero por como explicaba las cosas y su mirada era evidente que sabía de lo que hablaba. Hoy día, cuando tengo que luchar contra algún virus, me acuerdo de este personaje. Me lo imagino en una habitación oscura soltando carcajadas y contemplando los estragos de su nueva creación. Es paradójico. Gente que se dedica a la tecnología jodiendo a gente que se dedica a la tecnología.

Capítulo 12

Los putos servidores

Nunca confíes en un ordenador que no puedas lanzar por una ventana.

Steve Wozniak.

Ya he hablado de ellos en capítulos anteriores. Un servidor es un ordenador "mu gordo" y "mu potente". Como su propio nombre indica su función es atender las peticiones del resto de ordenadores del parque informático. Controla los permisos, alberga programas que los usuarios van a utilizar, gestiona los recursos y, en definitiva, son indispensables para el correcto funcionamiento de una oficina. Como no es objeto de este libro hacer ningún manual aquí no voy a aburrir a nadie detallando sus funciones, si no que me cagaré en ellos directamente. Mientras que el ordenador de un usuario tiene un problema ello sólo afecta a ese usuario, si un servidor tiene un problema afecta a todos los usuarios. Como he explicado en el capítulo sobre el correo, si se trata de un servidor de correo y cae la gente se quedará sin correo. Si se trata de un servidor el cual da acceso al CRM o programa de gestión de la empresa y cae, pues la gente deberá salir un buen rato a fumarse un cigarro. Si se trata del servidor de domino que da acceso a la red, carpetas, etc…, la gente casi se tendrá que ir a casa. Es por ello que quizás sea la parte de todo el mantenimiento informático a la que hay que prestar mayor atención y la que más quita el sueño al informático. Que un servidor caiga y no se pueda "levantar" es de lo peor que te puede pasar. Y, por supuesto, me ha pasado. A mí y cualquiera que lleve en esto unos años; ya que, como no me hartaré de repetir, por más cuidado que tengas y más bien que los cuides, en cuanto te descuides se te relevan y deciden joderse porque sí, porque tocaba, porque sólo es una máquina y las máquinas se rompen.

Una de las cosas que jode mucho de los servidores es que, para que muchos de los cambios que haces se apliquen, debes reiniciarlos. Esto no puede hacerse en horario laboral, ya que la gente se quedaría sin servicio. Aunque sean los 10 minutos de rigor en empresas grandes es inviable. Por lo que debes reiniciarlo cuando no haya nadie trabajando. Eso es, o muy temprano o muy tarde o fines de semana.

Nota a futuros informáticos:

Reiniciar los servidores fuera del horario laboral no computa como hora extra.

Eso es. Debes planificar tu tiempo libre y programar el reinicio. Aunque avises con antelación, siempre habrá alguien que esté conectado un domingo desde fuera. Si es así, que le den. No puedes estar avisando a todo el mundo, ya haces bastante trabajando el fin de semana.

- Oye, el domingo estaba conectado al escritorio remoto y, de repente, me echó y no pude conectarme hasta pasados 10 minutos. ¿Pasó algo?

- Ah, pues no se....

Si, querido lector. Cuando te quedas sin poder conectar a veces hemos sido nosotros. Mala suerte.

Pero lo peor de reiniciar es no saber si esa máquina del infierno va a hacerlo bien. Cualquier cambio en un servidor, ya sea actualización de sistema, de los programas que lleve instalados, etc..., puede desembocar en un fallo que haga que el servidor no se inicie correctamente. La actualización es del fabricante pero qué más da, se la suda. Has confiado en él puesto que te ha aconsejado actualizar y aplicar los últimos parches para que el servidor "vaya mejor" y luego se lavan las manos cual Pilatos dejándote a ti sumido en el caos y la desesperación.

Es muy habitual escuchar aquello de que "es bueno dejar las actualizaciones automáticas del sistema". Claro, efectivamente malo en principio no es. El fabricante publica parches que supuestamente mejoran el sistema operativo o lo dotan de mayor seguridad. Pero el fabricante del sistema operativo no sabe que tienes instalado en ese servidor, y ello puede provocar algún tipo de conflicto que dañe la aplicación o el propio sistema operativo. Yo, como buen desgraciado que soy y que ha sufrido en numerosas ocasiones las putadas que conllevan las actualizaciones, las dejo normalmente deshabilitadas. Las habilito manualmente e instalo solo las que me interesan con mucho cuidado.

En una ocasión vino un técnico de un programa de ticketing que teníamos en un servidor a instalar una actualización del programa. No pudo instalarla porque la actualización pedía antes instalar un par de actualizaciones del sistema operativo.

- Faltan unas actualizaciones del sistema. ¿Es que no tenéis las actualizaciones activadas? – Dijo casi como regañando.

- No, ni loco. Ya he tenido bastantes problemas con eso en muchas ocasiones.

Y aquí es donde el colega suelta su chulesca frase...

- ¡Pues yo nunca he tenido problemas...!

- Pues hijo, debes estar tocado por la mano de Dios y yo ser un puto desgraciado.

Aquel día Dios nos escuchó a ambos. Actualizó el sistema operativo con las actualizaciones que necesitaba y luego la aplicación. Reinició el servidor y... no entraba en el sistema.

- ... vaya…. – dijo por lo bajini

- Ale, no te había pasado nunca ¿no?, pues ya te has desvirgado.

El técnico, con semblante serio y de "tierra trágame" estuvo peleando con el bicho casi una hora hasta que por fin pudo entrar en el sistema correctamente.

- Esto no me había pasado nunca…- Dijo

- Pues a mí muchas veces, por eso no me fio un pelo de estas actualizaciones.

- Bueno, es que puede ser que, como tienes instalado blablablá y blablablá…
(*Ya estamos echando mierda fuera…*)

- Mira, tú has sido el primero en llevar a cabo la actualización sin plantearte que más había instalado y si algo podía salir mal diciendo que "no pasaba nada". Ahora te pones a soltar teorías para justificarlo. Que no, que las actualizaciones son peligrosas y punto.

Como ya has leído, las máquinas tienen vida propia y los servidores más que ninguna. Lejos de ser agradecidos por el mantenimiento diario con el que los cuidas, parece que estén esperando el peor momento del mundo para joderse. Tienen especial predilección por el fin de semana. Ni te puedes imaginar cuantas veces ha sonado mi móvil durante el fin de semana, o lo que es peor, durante las vacaciones, con un nervioso usuario al otro lado diciendo que no se puede conectar a la empresa o cualquier otro problema similar con el que tú deduces que a algún servidor le ha "pasado algo". Te tiemblan las piernas. Si estás en casa, aún. Te conectas al momento e intentas arreglarlo. Pero si, como una persona normal, estas fuera, en la playa, en el campo o, simplemente, dando una vuelta, ya te ha jodido el día. Te lo pasas pensando qué coño habrá pasado y rezando durante el camino de vuelta para que no sea nada grave. Bendito el que tiene un trabajo del cual puede desconectar de viernes a lunes, no sabe el tesoro que tiene.

A veces lo resuelves enseguida y otras es algo más complicado. De lo que no te libras, pese a haberte preocupado de arreglarlo durante el fin de semana y haberte jodido este, es de los desagradables e innecesarios comentarios por parte de los que sufrieron el problema y, como no, del jefe, puesto que ya se han ocupado ellos de informarle puntualmente nada más llegar del problema que tuvieron. Para que quede claro que si no trabajaron durante el domingo fue por culpa tuya.

Una vez instalé un programa en un servidor de correo que precisaba un reinicio. Lo pensaba hacer esa misma noche, recuerdo que fue un jueves. Estaba tirado en el sofá con mi pijamita puesto y mi portátil en las rodillas cuando me conecto a la oficina y reinicio el servidor. Espero los 10 minutitos aproximados que tardaba en reiniciarse y nada, que no respondía. Me empieza a doler la barriga.

- Hostia… Quizás necesita más tiempo por la instalación que he hecho…
(*Me engaño dándome ánimos a mí mismo*)

Quince minutos y nada. Ya me voy la pata abajo. Veinte minutos y nada. Definitivamente me voy la pata abajo, sudores y maldiciones. Algo pasa.

- ¡¡¡DIOSSSSSSSSSSSS!!!!

Pruebo conectarme a otros servidores para llegar al que no arranca de mil maneras. Nada. Le lanzo comandos de apagado y reinicios. Nada. El cabrón me la tiene jurada.

- ¡¡Que hago, que hago…!!!. ¡No puedo dejarlo así hasta mañana, puede joderse! ¡Vendrá la gente, no tendrá correo y se cagará en todo!, pero ¡¡ ¿Cómo voy a ir ahora a la empresa si son las once de la noche!!!.. ¡¡¡¡PUTAINFORMATICAAA!!!!.

Levántate del sofá y vístete que esta noche va a ser larga.

- Pero, ¿A dónde vas? – mi mujer flipando

- ¡A LA PUTA EMPRESA! ¡¡ES LO QUE TIENE HABERTE CASADO CON UN PUTO INFORMATICO!!! ¡¡¡ME CAGO EN TOOOOO…!!!

Cogí el coche y al llegar lo dejé como pude en doble fila. Porque lo raro es que hubiese podido aparcar.

- No; si como encima se lo lleve la grúa …

Entro en la sala de servidores y veo el logo Windows Server y la barra de progreso moviéndose alegremente. El "joputa" se había quedado colgado "cargando", no entraba en sistema. Lo apagué a saco. Lo volví a poner en marcha haciendo una promesa a todos las Vírgenes que se me ocurrían, a todos los santos, a Buda, Mahoma, a los mormones, a la iglesia de la Cienciología y a los del Séptimo día.

- Por favor, por favor, por favor, arranca cabrón….

- ¡¡¡ SSIIIIIIIIIII!!!

Esta segunda vez el servidor entró en el sistema correctamente. Una vez dentro procedí a desinstalar el programa sospechoso de haber provocado aquello acordándome de las madres de los que lo habían diseñado. No tuve más remedio que volver a reiniciar después, pero esta vez lo hizo a la primera.

Llegué a mi casa sobre las 2 de la mañana y debía levantarme a las 07:30 h. Al día siguiente nadie sabría de mi epopeya. No tenía ningún sentido explicar lo que había pasado. Todo había sido a raíz de un maldito programa que yo mismo había instalado. Encima se hubiesen cachondeado.

Porque no me hice jardinero…

Recuerdo otra ocasión, esta vez, por un error mío. Me dejé una memoria USB conectada a un servidor, con tan mala suerte que ese mismo fin de semana tenía pensado reiniciarlo por un cambio en la configuración.

- Comeré, reiniciaré el cacharro y a por una buena siestecita...

Los cojones.

Los mismos síntomas. El jodido no arrancaba. No me podía conectar a él ni respondía de ninguna de las maneras. Como era sábado por la tarde y tenía pensado salir, me pasé por la empresa, como no, a ver qué coño pasaba. Nada más acercarme al servidor y ver la memoria USB vi cual era el problema sintiendo, a la vez, una mezcla de rabia por haber tenido que ir y de alivio por comprobar cuál era la causa. En el orden de arranque del servidor estaba en primer lugar "Arrancar desde memoria externa USB". El sistema había detectado la memoria conectada e intentaba leerla para arrancar desde ahí, cosa que por supuesto no iba a pasar porque en la memoria no había ningún sistema de arranque. Fue sacarla y arrancar con normalidad. Después ya puede irme alegremente a tomarme algo y guardarme esta pequeña cagada de por vida.

No solo me he dedicado al mantenimiento de servidores, sino que también a montarlos y configurarlos. Ello también ha dado a situaciones de todo tipo. En una ocasión un burro que tuve por "jefe" me solicitó la compra e instalación de un servidor para una oficina de uno de los "negocietes" que estaba montando.

- Cuando lo tenga, ¿Dónde lo quiere que lo instale? – le pregunté.

- En el cuarto que hay abajo. Será el futuro despacho de "comemierda"… - me dijo tan pancho.

- … pero… ehhh... vamos a ver. ¿Qué instale el servidor en el despacho de alguien? – pregunté incrédulo.

- Sí, claro, no hay más sitio.

- Pero allí, ¿Dónde lo vamos a colocar?

- ¡Pues encima de una repisa en la pared!

- …

- ¿Qué? – dijo al ver mi cara

- Pues que un servidor es algo muy importante. Va a dar servicio a todos los usuarios y debería estar protegido, encerrado en algún armario bajo llave y bien refrigerado. Nada de esto lo va a tener en donde me está diciendo que lo quiere poner…

- Anda, anda… conozco una empresa que tienen un servidor metido en un armario sin aire acondicionado ni nada y ¡ale!, allí lleva varios años sin problemas…
(*Pero, será burro el tío…*)

- Pues bueno, suerte habrá tenido y algún día se le acabará, porque tenerlo así es de ignorantes.

- No me marees, que lo pongas donde te he dicho y pronto.

(Sí, así me hablaba, todo un líder en el que inspirarse…)

- Que sepa que yo no me responsabilizo de lo que pueda pasar.

No me respondió. Y así tuve que hacerlo muy a mi pesar.

Por supuesto, si hubiese pasado algo me hubiese hecho responsable igualmente, que para eso me pagaba. Gracias a Santa Tecla no pasó nada. Y si pasó no me enteré, puesto que me largué a las pocas semanas.

A los ignorantes les da igual lo que les digas. El futuro informático se encontrará muy a menudo con estas situaciones tan inverosímiles. Es decir, supuestamente se contrata a un informático que se supone que es un profesional del área, pero luego no se le hacen ni puto caso. Ya lo he dicho en capítulos anteriores. Como todo el mundo tienen ordenador en casa, pues todo el mundo sabe de informática y se cree con derecho a opinar. Se autodenominan ignorantes cuando te piden ayuda para resolver un problema con su pc, pero luego saben más que tu cuando les apetece cuestionar tu profesionalidad. A ese tipo de empresas les bastaría con contratar al hijo de la vecina que sabe ripear dvd's y hackear wifi's, puesto que para obedecer órdenes sin sentido y cuestionar tus conocimientos no les hace falta ningún profesional.

Los famosos 10 minutos.

¿Qué es esto? Pues un secreto que te voy a contar. No sé si te habrás dado cuenta en muchos ámbitos de tu vida que, cuando algo no funciona, normalmente esperas unos 10 minutos y queda resuelto. Por ejemplo. Si vas en metro y hay una incidencia por la cual los convoys están parados, escucharás por los altavoces que "esperan resolver la incidencia en unos 10 minutos". Si estás viendo la tele, ya sean canales digitales públicos, canales de pago, etc… y se va la imagen o se interrumpe la emisión, aparecerá un mensaje o locución diciendo que "en 10 minutos esperan reanudar la emisión". Si estás escuchando una emisora de radio y de repente se hace el silencio, espera unos 10 minutos y estará resuelto. Y, si estás trabajando en una empresa y, de repente, te quedas sin red y llamas al informático, este te dirá que esperes unos 10 minutos. Todo ello tiene una explicación. Y es que unos 10 minutos es lo que tarda aproximadamente un servidor en reiniciar. ¿Cómo te has quedado? Por ello, volviendo al ejemplo del metro, cuando la locución te dice que "esperan resolver la incidencia en unos 10 minutos" lo que están haciendo es reiniciando un servidor o servidores los cuales han tenido algún problema y no han visto otra que parar el servicio y reiniciarlo a ver si se soluciona por la vía rápida. Observa en tu vida donde ocurre esto de los 10 minutos, es mucho más habitual de lo que parece. Ya verás "que risa".

Por último, a título más "laboral", no todos los informáticos, ni mucho menos, están capacitados para encargarse de la administración de los servidores de una empresa. Alguien competente para ello sería un técnico con titulación de "Administrador de sistemas" o "Administrador de red". Sin embargo, es muy habitual que un técnico informático orientado al "helpdesk" (ayuda a usuario) también se encargue, sepa o no, de los servidores. Gran fallo por parte de directivos o seleccionadores de personal que, como ya he señalado, no tienen muy claro que perfil técnico deben seleccionar para llevar al completo la informática de su empresa. Quizás, ingenuo de mí, también sea una forma de pagar menos al que va a ocupar el puesto. Entra como "helpdesk" y le pagamos como tal, pero, una vez dentro, que se encargue de todo. Y si no sabe, que aprenda. Total, un ordenador es un ordenador, ¿no? Luego, claro, pasa lo que pasa.

Capítulo 13

Los putos viajes

Se viaja por placer. Si no te place, coño, no viajes.

Anónimo

Otra de las desgracias que puede tener el informático de la empresa es que ésta tenga sedes. En pymes es muy habitual que ésta conste de su sede principal, donde tú estás, y luego una o dos más en las ciudades más importantes del país. Esto presenta la dificultad añadida a tu trabajo de que no estás allí físicamente por lo que cualquier trabajo que requiera una intervención presencial o bien recurres a algún alma caritativa para que sean tus manos y tus ojos allí o, si es grave, ya estás cogiendo el avión.

Durante todos estos años he tenido que viajar a las principales capitales del país. Bien para resolver algún problema o bien para cambiar equipos, cablear oficinas o lo que hiciese falta. ¡Qué guay!, ¿no? viajar por ahí. Pues no. Recuerda que soy informático. Menos mi ciudad, no conozco ninguna de las que he visitado por trabajo turísticamente hablando. Y eso es porque el informático cuando viaja no es para nada bueno. Generalmente vas en visita relámpago de un día. En algunos casos lo normal sería hacer noche, pero para qué hacer noche si puedes estar trabajando hasta las tantas ininterrumpidamente y coger el último avión. El proceso suele ser el siguiente. Te levantas a las 5 de la mañana para poder coger el avión de las 7 u 7:30 h. Llegas al aeropuerto de la ciudad en cuestión y, si la empresa es generosa cogerás un taxi, si no, búscate la vida en transporte público. Lo que veas por la ventanilla del medio de transporte que te lleve a la oficina es lo único que vas a ver de la ciudad. Llegas a la oficina y saludas a la gente. A la mayoría solo los ves físicamente cuando haces estos viajes o en la puñetera cena de Navidad. Cuando saludas al jefecillo de allí, no falla:

- Cuando acabes pásate que te comentaré algunas cosillas…

A veces son problemas suyos sin importancia y otras te suelta la parrafada de lo que, para él, sería la oficina informatizada ideal. Para esto último le remito al jefe supremo, que es quien tiene la pasta.

Después de ello te pones manos a la obra mirando el reloj de reojo. A las 22:00 h. sale el último avión, así que ya puedes empezar a correr. Si llega la hora de comer y vas mal, pues igual no comes; o comes a horas intempestivas o algún alma caritativa te sube un bocata del bar de abajo que vas a mordisquear mientras con la otra mano vas tecleando cualquier cosa. Y, como la informática no es una ciencia exacta, empiezan a salir los problemas y tú sudar como un cerdo, nervioso y preocupado porque tienes una hora límite para salir de allí. Por si fuera poco, tus queridos usuarios te van obsequiando con varios:

- Ya que estas por aquí, quería comentarte que…

Se llama "efecto presencial". Es decir, llevan días con el problema y no te han dicho nada, pero te ven físicamente y enseguida es levantar la mano como si llamaran al camarero para que atiendas su problema. Encima se cabrean cuando les explicas:

- Mira, es que he venido exclusivamente para esto y voy de culo, tengo el tiempo justo. Esto que me explicas me lo podías haber dicho días atrás y se puede resolver desde allí. Llámame mañana y lo miramos.

Lo normal es salir airoso después de capear con la gente y los problemas que te vas encontrando. Cuando terminas, te lavas, te sientas, miras tu obra y piensas cuánto durará. No durante mucho tiempo, porque ya debes salir echando hostias. Te despides, no sin antes que te vuelvan a recordar los problemas que tienen de los cuales al día siguiente tendrás noticia. Coges el transporte que te llevará al aeropuerto, verás las mismas cosas por la ventanilla, esta vez de noche, y te sientas en el avión todo espatarrado, agotado, habiendo comido fatal y maldiciendo todo lo que te abarca la vista.

Esto, sin entrar en detalles, es como han sido los viajes durante mi vida de técnico. Qué envidia me han dado siempre los viajes de los demás. Recuerdo los "product managers" que se iban de viaje a Alemania, Taiwán o cualquier otro sitio en donde hubiese una feria sobre el sector en cuestión. Por las mañanas a pasearse por los stands de turno, estrechar manitas, gorrear bebidas y aperitivos y recopilar folletos. O bien asistir a algún congreso a sentarse y tocarse los huevos e intentar pillar algo de lo que explicaban, ya que el nivel de inglés de alguno de estos "profesionales" dejaba bastante que desear. Al medio día: ¡alto!, que hay que comer. Pero nada de bocatas, que soy un "product", a un buen restaurante que hay que probar la gastronomía del país. Y después, claro que sí, a hacer turismo por la ciudad, que por la tarde no trabaja nadie. Luego, de nuevo, una buena cena invitados por el proveedor de turno, unas copitas de marcha por la ciudad y luego al hotel que ha sido "un día duro". No, no exagero. Explicado por los propios "p.m.". A mí me cuestionaban si era necesario hacer noche.

Odio viajar por trabajo. No hay nada bueno. Todos los mitos del viajero para el informático no existen. No conoces a gente, no te empapas de la cultura del lugar, no pruebas su gastronomía, no te encuentras a ti mismo, no te sientes realizado, no hay ninguna aventura en ello. Solo jornadas maratonianas, agotamiento, sufrimiento, problemas, exigencias y más problemas. Eso sí, durante las esperas en los aeropuertos sí que te da tiempo a escudriñar a los diferentes estereotipos de viajeros que te acompañan, especialmente en el puente aéreo o en el Ave los días laborales. Tan solo hay tres.

Los técnicos.

Ahí estoy yo. Se nos distingue por llevar ropa informal o deportiva y cómoda (claro, vamos estar tirados por el suelo), con alguna mochila o maletín el cual esconde algún portátil, caras de asco y más solos que Marco en el día de la madre.

Hombres de negocios.

De lo que más hay. Una plaga. Trajeados mires donde mires. Son jefes, jefecillos, comerciales, products, etc…. Mientras que el técnico se enfrenta solo a su destino, muchos trajeados van en pareja, como mínimo. Uno solo no vale para cerrar negocios. Además se van saludando unos con otros. Todos se conocen. Alucino. Será de verse en los aeropuertos cada dos por tres. En una mano su maletín, y en la otra su iPhone el cual mira compulsivamente. Es un hombre muy ocupado. Es terminar de despegar el avión y abrir su portátil. ¿Qué coño estará haciendo? ¿De verdad no puede hacerlo al llegar? ¿De verdad va tan de culo o es postureo? Cosas que me pregunto mientras me saco los mocos en el avión.

Turistas.

En días laborables de lo que menos. Consta de alguna mujer tirando de algún crio o alguna pareja de guiris que han tenido que colocar a última hora en el avión. Se les reconoce al igual que el pegamento de barra, no pegan.

En una ocasión tuve que ir a cablear y montar una nueva oficina que iba a abrir la empresa. Debido al trabajo descomunal esta vez sí hice noche. Con tan mala suerte que casualmente también estaba por allí en el hotel uno de los comerciales de mi empresa el cual había ido a estrechar manos con algún cliente. No teníamos una especial relación en la empresa, por eso me extrañó cuando me vio entrando en el hotel por la noche y me saludó de una manera "demasiado efusiva".

- ¿Vas a cenar? – dijo con una gran sonrisa.

- Bueno, voy a lavarme, descansar y un poco y sí, después iré a comer algo.

- Pues cenamos juntos, ¿vale? Aquí al lado a un buen restaurante. Ya verás.
(*Joder, mierda, hostia…. Ya me ha jodido el plan de tranquilidad y descanso que tenía. Y, ¿de qué hablo yo ahora con este tío en la cena si no tenemos nada en común?*)

En un principio supuse que simplemente no quería cenar solo, puesto que, como comercial que era, si no abría la boca podría provocarle algún derrame. Pero enseguida que llegué al restaurante y lo vi en compañía de un tercero lo entendí. Menudo cabrón.

- ¡Hombre!, ya estás aquí. Te presento a Pedro "elquefaltaba", es uno de mis mejores clientes.

El espabilado simplemente me había invitado porque no quería estar solo con el cliente. O bien porque así éste se cortaba más y no le hablaba de sus problemas o porque no le gustaba su compañía, por lo que metiendo por en medio a alguien fuera del ámbito comercial que podía amenizar la velada con otro tipo de conversación conseguía minimizar el trago de tener que estar a solas con él. Vaya mierda de día y vaya mierda de noche.

En otro viaje pasé la friolera de dos noches fuera, o séanse, tres días de trabajo. En ese viaje disfrutaba también de la compañía del jefe y de un compañero que se dedicaba al tema I+D en uno de los departamentos de la empresa. Para ahorrar costes el jefe tenía su propia habitación (por supuesto) y nosotros una doble. Nuevamente no tenía casi ninguna relación con el compañero, por lo que no me hacía ni puta gracia compartir la habitación con alguien al que no conocía. El tío no solo roncaba como una bestia, sino que tenía un conocido en la ciudad en donde estábamos con el cual salió las dos noches de fiesta llegando mamado sobre las 3 de la mañana a la habitación. Doblado perdido "intentaba" ducharse y luego meterse en la cama con todo el ruido que ello provocaba. Creo que fui yo el que realmente no durmió nada durante aquellos tres días. Desde entonces, y aunque estoy seguro de que hay personas maravillosas, me niego a compartir habitación, aunque me tachen de "señorito". Ya me ofrezco yo a pagar la diferencia si hace falta, no vaya a ser que la empresa se arruine por mi culpa.

Pero lo máximo que he estado fuera han sido 4 noches, de lunes a viernes, y, como única vez, no para realizar ninguna tarea informática, sino para escuchar y tomar nota. Y eso fue casi peor que ir a doblar el espinazo. Resulta que una empresa del grupo había implantado un nuevo programa de gestión y, para estudiar si nosotros lo implantábamos también al jefe se le ocurrió la genial idea de programar tres jornadas completas de "formación" en esa empresa. Tres jornadas más las dos de viaje. Para tener una visión más global, pensó que lo ideal sería ir el informático, el contable, la RR.HH., el logístico y él mismo. Parecía el chiste de "va un español, un inglés, un francés… ". Menudo coste desplazar cinco personas ¿no?; pues eso lo arreglo yo. Nos metemos los cinco en mi coche 8 horas que dura el viaje y tomar por culo; "Si es que soy un crack ahorrando costes", pensó mi jefe. Si, como lees. Cinco personas adultas hacinadas en un coche durante horas con nada de qué hablar excepto trabajo. Un sueño. Y sí; el que iba en medio en el asiento de atrás era yo.

Cuando por fin llegamos, ¿fuimos al hotel?, ¡¡¡noooo!!! directos a la empresa. Yo, iluso de mí, que pensaba me iba a tirar en la cama y mañana sería otro día va y me sientan en una sala y empiezan a soltar las bondades del software en cuestión. Mientras yo, destrozado del viaje, con un dolor de culo, espalda y cuello que me quería morir no sabía cómo ponerme en la silla. Despierto desde las 4 de la mañana, ocho horas de viaje sentado encajonado, más las que me iba a chupar allí dentro. No me enteré de nada, solo buscaba la mejor postura para poder descansar los huesos y disimular los numerosos cabezazos que estaba dando por el sueño y cansancio que llevaba. Mientras, miraba a mi jefe y ahí estaba el tío. Míralo. Fresco como un rosa, ni una arruga en la camisa o la corbata por haber estado 8 horas conduciendo. Tieso, con los ojos como platos atendiendo la parrafada que nos estaban metiendo, dispuesto a aguantar 24 horas más si hacía falta. Aquel hombre debía ser un cyborg, un ser no humano y despojado de todo sentimiento, emoción o empatía, un tío con los glúteos de acero y espalda de "adamantium". Llegados a las 22 h. el que nos hacía la presentación pronunció la frase mágica:

- Que, ¿seguimos mañana y nos vamos a cenar algo?

Casi lloro de la emoción.

- Bueno… - dijo mi jefe como si le importara un huevo.

Hostia puta; si fuese por este aquí estábamos hasta las 3 de la mañana.

Fueron unos días horribles. Todo el santo día sentado en una silla durante horas viendo pantallitas y más pantallitas. Todo el santo día en compañía de aquel elenco, para desayunar, para comer y para cenar. Para dormir también; me tocó con el contable. El único momento de soledad era para ir a cagar. El viaje de vuelta fue igual de perro, pero lo hice más contento sabiendo que volvía a casa y esa pesadilla llegaba a su fin.

En una entrevista para un puesto al que optaba (el cual no me cogieron) se me ocurrió preguntar por primera vez:

- ¿Tienen ustedes alguna delegación más a parte de esta?

- No, solo esta.

- ¡¡Muy bien!! – sonreí casi con la misma alegría que si me hubiesen cogido.

Seguro que el tío no entendió el porqué de mi pregunta y menos mi posterior sonrisilla. Desde entonces se convirtió casi en una pregunta indispensable. Eso no quiere decir que no iba a aceptar el puesto, si no que tendría que valorar más en profundidad los pros y contras de viajar, con qué frecuencia y para hacer que.

Capítulo 14

Las putas llamadas y encuestas.

Todo el mundo debería tener el suficiente dinero de mierda para poder mandar a la mierda a todo el mundo.

Craig McKinney

- Ring, ring, riiiiiiiiiiggg......

- ¿Sí?

- Buenos días...
(*Mierda...*)

- Me llamo Clara y le llamo del Centro Nacional de Datos de blablablá... y su empresa ha sido seleccionada para realizar una pequeña encuesta sobre como tienen dimensionado el departamento de IT las diferentes empresas del sector. ¿Es usted el responsable del departamento?

- Sí, pero es que estoy trabajando y no puedo...

- Solo será un minuto.

- Eh... bueno, a ver...

¿He dicho que los informáticos somos buenas personas? Tanto que a veces incluso gilipollas. Al igual que la exijo para mí y mi trabajo, siempre he intentado mostrar empatía hacia este tipo de llamadas tocapelotas, ya que intentas ponerte en el lugar de la persona que está al otro lado y que, con toda seguridad, sabe que su trabajo es de lo más antipático que puede existir, pero obviamente ha de hacerlo por dinero. Por ello, o bien intento rechazar su parrafada de la manera más agradable y amable posible o bien, de vez en cuando, responder algunas de sus preguntas.

- Oiga, disculpe, es que me ha dicho que sería un minuto y ya llevamos 5…

- Si caballero, ya estamos terminando…

Incluso cuando me toman el pelo de esta manera también intento ponerme en su lugar. Son estrategias que le habrán enseñado para retener a la gente el máximo de tiempo posible. Mentir sobre el tiempo y el número de preguntas. Porque si dices la verdad no te atenderá ni tu padre.

- Ring, ring, riiiiiiiiiggg……

- ¿Sí?

- Buenos días...
(*Ya me han pillado...*)

- Le llamo del Centro Nacional de Datos de blablablá… porque hace unos meses tuvo la amabilidad de respondernos a unas preguntas y ahora le llamamos para ver si ha cambiado algo…

Esto si me jode. Es decir, todo el mundo los manda a la mierda y tú amablemente soportas su puñetera encuesta y, como premio, te vuelven a llamar para darte por saco otra vez. Cojonudo. Pues no sé si me sale a cuenta tanta amabilidad.

Realmente no sé qué porcentaje de gente les responde. Debe ser alto, puesto que las encuestas existen desde que se inventó el teléfono y no paran. Si ya nos fastidia en casa imagínate en el trabajo.

El volumen de llamadas por encuestas, ofrecimiento de nuevos productos y servicios al departamento de IT de las empresas es brutal. Diariamente te llaman para intentar convencerte de que cambies de operador móvil, de fotocopiadoras, de partner tecnológico, de toners, etc… y todos quieren enviarte a su comercial que, casualmente, está por tu zona. Realmente no sé si suelen conseguir algo, entiendo que sí; que de mil llamadas uno pica, si no, no se entiende.

Si tienes un número directo puedes bloquear o al menos registrar estos números y si te llaman no cogerlo, aunque es increíble la destreza que tienen para averiguar otros números de la empresa y así colarse por donde menos te lo esperas. A parte está el desgaste psicológico. Es frecuente que dejen sonar el teléfono varios minutos con la esperanza de que te estalle la cabeza y así terminar cogiéndolo por tal de que deje de sonar. En caso de no cogerlo te llaman varias veces al día, no dejándote otra que terminar cogiéndolo para decirles amablemente que no vuelvan a tocar los huevos, cosa que, por supuesto, no se cumple. Todo esto es tiempo y más tiempo que te quitan de tu trabajo. Si hay un sector insistente ese es el de los operadores móviles, sobre los cuales ya he comentado varias cosas. Entre Orange, Vodafone y Movistar se reparten el pastel. Todos te llaman prometiéndote el oro y el moro si te vas con ellos, cosa que quizás el primer año es así, pero después, es igual que el resto, puesto que sus precios están pactados para evitar una excesiva competencia. Como lo saben, a parte del supuesto chollo del primer año, intentan camelarte ofreciéndote los últimos Iphone's para los jefes porque saben que no hay cosa que más le haga el culo popete a un jefe que tener lo último en sus manos, aunque luego tenga que acudir al informático para que le instale el "guasap". ¿Se podría cambiar de operador cada año y así ahorrar dinero? Si, quizás. Pero el descomunal trabajo que llevaría al informático realizar esto lo descarta totalmente. Sin exagerar, casi haría falta una persona dedicada en exclusiva al tema de los operadores móviles. Si tú, que lees esto, has cambiado de móvil o compañía alguna vez y has sufrido el papeleo y el coñazo posterior de pasar todo a tu nuevo móvil y configurarlo, imagínate hacerlo cada año a cien personas. Creo que ahora me entiendes. Inviable.

Por eso, cuando por desgracia atiendo alguna llamada comercial de algún operador para que me vaya con ellos, intento explicarles el trabajo que supone para una sola persona hacer este cambio. Por supuesto les trae sin cuidado, como mucho te comentan que tendrán un técnico a tu disposición por si salen problemas. Si claro, ¿el técnico va a venir aquí a poner las sims, configurar las aplicaciones, correos, poner las musiquitas y sonidos a gusto de cada uno y resolver las dudas posteriores a mis cien usuarios?, creo que no. Así que paso. De aquí a cinco años mínimo ya veremos.

Y si el intentar venderte algo por teléfono ya es molesto el colmo es cuando acuden personalmente. Te llaman de recepción comentando que hay un comercial de tal compañía que "estaba por la zona" y "solo quiere saludar". En casa siempre puedes no abrir la puerta, pero en una empresa con recepción es un coladero, nadie les va a echar. No me gusta decirle a la recepcionista o persona que lo ha recibido que lo despida amablemente, ya tienen también lo suyo, por lo que nuevamente debes dejar tu trabajo e ir a ver que quiere el cansino de turno. Por mucho que digas que no te interesa y, aunque el comercial se vaya conforme es inútil. Al cabo de unas semanas se presentará otro comercial de la misma compañía con la misma canción.

Recuerdo hace unos años cundo proliferaban las llamadas en las que por participar te obsequiaban con una agenda electrónica. Estaban de moda, como ahora sería una tablet, por ejemplo, y todos te ofrecían una gratis por responder unas preguntillas. "¿A dónde se la envío?", te decían. "Pues ya está, la recibirá en unos días", "ahora le hago unas preguntas…". Por supuesto nunca recibías la supuesta agenda. Quizás me lleguen algún día…

Capítulo 15

Los putos favores

La ingratitud proviene, tal vez, de la imposibilidad de pagar.

Honoré Balzac

Si eres familiar o amigo de algún informático seguro que ya tienes una sonrisilla en la cara. Si eres informático la sonrisa habrá sido como la de Charles Manson. Basta ya de explotación. Alguien tenía que decirlo. Rompamos ya el silencio de esta minoría oprimida. ¡Revelémonos!

- ¿Te vienes a casa un día y me instalas el "guindous" x, el "ofis" y "todo" lo demás?

- ¿Te vienes tú a la mía y me alicatas el cuarto de baño?

Por fin, en exclusiva mundial, revelo lo que piensa y como se siente un informático cuando se le pide un "favor". Por si en alguna extraña ocasión has tenido un atisbo de humanidad y empatía y te lo has preguntado. A partir de ahora, nos referiremos "favor" con la siguiente equivalencia:

Favor = trabajar gratis

No soy tan malo. En general, no me suele importar hacer algún "favor" informático muy puntual a amigos y familiares. Si, por el contrario, es con algún compañero del curro, eso ya me toca los huevos. Porque, a riesgo de parecer estúpido, los compañeros de trabajo son eso, compañeros, no amigos. Sin embargo en ambos "sectores" hay algo que los une. Como le ayudes a reparar o configurar algún ordenador o cualquier dispositivo, mediante, parece ser, algún contrato que debes de firmar sin darte cuenta, te quedas unido a ese cacharro de por vida como si a él te uniese un cordón umbilical invisible. Le ayudas gratis y de forma desinteresada pero, a partir de ese momento, cualquier problema que tenga, te lo consultará/endiñará a ti.

- Tío, ¿cuándo te puedo llevar el portátil?
(*Será si quiero ¿no?*)

- ….. ¿qué le pasa?

- Me va lento… otra vez…

- Te lo revisé y te limpié toda la mierda que tenía de todas las porquerías que te bajas. Ya te dije que tuvieses cuidado y que de paso te instalases algún antivirus.

- Ya bueno… Antivirus ya tengo el AVG, que es gratis…

- Eso no sirve para nada. Un antivirus de pago tiene ingenieros detrás analizando los virus que corren por el mundo currándose las actualizaciones, y eso hay que pagarlo. Aun así, no detectan muchas cosas. Imagínate uno gratis.

- Bueno, ya veré, pero ¿te lo miras?

- Pues no lo sé porque ahora no puedo…

- Es que me va peor desde que tú me lo miraste….

Es colmo del desprecio y la desfachatez. Con esa puya que te tira ya intentan encalomarte el muerto y recordarte que tienes una deuda de por vida con su cacharro por que un día decidiste amablemente hacerle un favor. Lo honesto por su parte sería decir al menos: "pues sí, la he vuelto a cagar, pero, si puedes hacerme el favor de mirarlo otra vez te lo agradecería"; pero no, le va mal porque tú se lo "has tocado".

Pensando en ello creo que es un tema de falta de información. Eso si buscamos una explicación "amable". Me explico. Deben creer que como sueles trabajar sentado ello no te supone ningún esfuerzo, porque está claro que el esfuerzo mental se ve que no cuenta. En cambio un albañil sí que curra mucho porque se agacha, suda y se ensucia. ¡Eso si es trabajar! A ese sí hay que pagarle, pero a ti... ¡SI NO TE HA COSTADO NADA! Además, no hay más que verte la cara, ¡si te gusta y todo!, casi debería pagar yo de lo bien que me lo estoy pasando. Cuando a más de uno y a más de tres les he explicado esto siempre les pongo el mismo ejemplo.

- ¿Si yo te pido que vengas a mi casa y me pintes la pared (gratis por su puesto) que me dirías?

- Hombre... - te miran con media sonrisa y moviendo la cabeza como si dijeses una barbaridad - es que eso es ponerse ahí... arriba y abajo, echar unas horas, ensuciarse y...

- Claro. ¿Y a ti no te parece que, menos ensuciarme (aunque a veces he abierto PC's que parecía que los habían revolcado en estiércol y me he puesto de mierda hasta el cuello) todo lo demás lo hago yo también de otra manera? ¿no ves que es un trabajo?

- Si,... bueno..., - encima no parecen muy convencidos – ya...

Cada vez está más nítida la cosa. Como no sudas ni te ensucias no mereces cobrar.

En una ocasión estaba en la casa de campo de mi tío en una de esas horribles reuniones familiares. Supongo que aprovechando que había venido mano de obra gratis mi tío suelta un: "porque no cogéis una pala o un pico cada uno y me ayudáis a hacer unos agujeros por allí. Tengo que plantar unos limoneros". Cojo un pico y empiezo a cavar donde me indica, cuando de pronto escucho unas risitas detrás de mi procedentes de mi tío y unos primos.

- Ja, ja..., informático tenía que ser; ¡JA!, menudo estilo. Ahí, ahí, ¡a trabajar de verdad!

Porque trabajar de informático no es "trabajar de verdad".

Sobre la "no apreciación" del esfuerzo tengo una desagradable (para mi) anécdota en una de las empresas donde trabajaba. Para variar, hubo una avería con las líneas telefónicas que nos dejó incomunicados varias horas. Era una avería del operador y, cuando esto sucede, tal y como he comentado en el capítulo "Bajo una puta presión", ya puedes santiguarte y rezar todo lo que sepas para que se den la mayor prisa posible. Esta vez, los santos estaban de fiesta y la avería duró hasta la mañana siguiente. La tarde de la avería me tuve que quedar hasta casi las 22:00 h. llamando mil veces al operador y pasando correos así como intentando desviar las llamadas a nuestras otras delegaciones para minimizar la incidencia. Serían sobre las 21:00 h. y estaba sentado en mi puesto documentando toda la incidencia cuando aparece uno de los responsables de departamento más afectados por la avería. Me pide explicaciones y se las doy lo más resumido que puedo con la esperanza que se largue y me deje trabajar. Al día siguiente, y una vez resuelta la avería, me llama el jefe al despacho. Después de explicarle toda la movida noto que me quiere decir algo pero le resulta incómodo:

- ..eeehhh… una cosa... a ver… esta mañana ha venido por aquí el *puto* responsable del departamento – esta cursiva es mía, por supuesto – y me ha comentado que ayer habló contigo para que le explicases que estaba pasando…

- Así es.

- …es que…, me ha dicho que le dio la impresión de que no estabas haciendo NADA…

Aquella noche creo que fue peor que la anterior. Fue un nuevo punto de inflexión que me replanteó por qué coño me estaba dedicando a

145

esto. Había un problema grave con las líneas y la gente estaba loca, ¿Qué esperaba entonces el puto responsable del departamento? Pues verme a mí tirado por el suelo, lleno de mierda, con cables de red enrollados al cuello y una herramienta en cada mano, sudando como un cerdo, a punto de darme un ataque y con la cara desencajada. En cambio me encontró "simplemente" al frente de mi ordenador tecleando; por lo tanto, su conclusión fue que "no estaba haciendo nada". Bien, se toma nota.

En otra ocasión estaba tirando cable de red por el falso techo de la oficina. Tenía que hacerlo pasar por varias estancias hasta recorrer unos 20 metros. Cada vez que levantaba una plancha de esas de corcho blanco esta se desmoronaba en parte cubriéndome la cabeza de bolitas de corcho y cayéndome encima toda la mierda de años acumulada en el falso techo. Esta vez sí. Estaba sucio, sudando, con los cables colgando, con una herramienta en una mano y la escalera en la otra. En eso me cruzo con un compañero que me suelta divertido:

- Hoy sí estás currando, ¿eh?

Entiendo entonces que para esta gente los ingenieros de la NASA que están sentados en la sala de control supervisando un despegue no deben estar "haciendo nada"; los controladores aéreos que se pasan el día sentados mirando una pantalla tampoco deben estar "haciendo nada"; conductores de bus o taxistas que están todo el día sentados al volante tampoco están "haciendo nada"; y los políticos todo el día sentados en el Congreso tampoco están "haciendo nada"...; bueno, estos sí que es verdad que no están haciendo nada.

Otra de las peticiones que suelen hacernos familiares y amigos es: ¿Qué ordenador me compro? Mi pregunta siempre es: ¿y para que lo quieres? Mi respuesta es por un motivo. Dependiendo para que lo vaya a utilizar, el ordenador puede ser más potente o menos, portátil o torre, etc… Como es lógico la inmensa mayoría de la gente lo quiere para navegar, bajarse películas y escribir algún documento u hoja de cálculo. Todo ello es para aconsejarles lo mejor posible y obtener una mejor relación calidad-precio según sus necesidades, que para eso te lo han preguntado.

- ¿Me lo puedes mirar tú?

Ya está. Ya te han colgado el muerto. Vuelves a tener trabajo gratis. La tele, su móvil y la consola ya se la miran ellos, pero como de ordenadores no entienden para eso estás tú, el pringado informático.

- ¿Y cuánto te quieres gastar más o menos?

- ¿A cuánto están ahora?
(*Como si fuese un kilo de naranjas*)

- Pues depende del ordenador y depende de donde lo compres… A ver, para lo que tú me has dicho que lo quieres ponle unos 500€ por decir algo. Hay que mirar.

- Y una impresora también, ¿Cuál es el mejor modelo y cuánto vale?

A veces me pregunto si la gente piensa que mi cerebro está sincronizado permanentemente con todas las listas de precios existentes de todos los modelos de productos electrónicos existentes en el planeta. O que por la noche, la gente normal lee un buen libro, pero los informáticos no, nos dedicamos a repasar todas las listas de precios y folletos de tiendas y grandes almacenes para memorizarlos y tener así una respuesta actualizada cuando nos pregunten.

- Cariño, ¿apago ya la luz?

- Espera…. Impresora Láser Hp 350 color a 235€+IVA en MediaMarkt, 220 € en El Corte Ingles y en Carrefour 240€ y te regalan dos alfombrillas... impresora Epson 520 SP de inyección de tinta a 130€ en MediaMarkt………

No. No hacemos eso. Personalmente me quedo sobado viendo cualquier porquería en la tele.

- Mira – tranquilo, tranquilo – vamos por partes, primero el ordenador y luego seguimos.

Buscar precios y comparar es un coñazo, lleva tiempo y es un trabajo ¿estamos de acuerdo? Es tiempo personal tuyo que estás regalando a otra persona de forma desinteresada, porque quieres ayudar y sentirte útil.

- Si los informáticos estáis tan hartos de que os pidan favores, ¿por qué no decís que no? - me han llegado a preguntar.

Si todos los informáticos del mundo dijésemos que no medio planeta se paralizaba. Lo digo enserio. Sin parecer pedante creo que es porque los informáticos somos buenas personas, lo he dicho antes. Así de sencillo. Empáticas por nuestro tipo de trabajo que es ayudar a los demás a que puedan hacer el suyo. Por eso, aunque nos reviente y gruñamos, siempre accedemos a hacer "favores" a los demás. Te dices que es la última vez y luego caes de nuevo al ver a la persona desesperada por algún problema que tenga. Por supuesto hay de todo y yo mismo he dicho que no varias veces como luego contaré, una cosa es ser buena persona y servicial y otra gilipollas.

Sigamos. Cuando, al final, presentas los modelos que tu consideras óptimos para esa persona, como sean más de dos, vuelves a estar como al principio.

- Pero, ¿cuál de los dos me compro?

Hace tiempo que ya aprendí la lección. No entienden del tema, por lo tanto, darle varias opciones a escoger es perder el tiempo. Hay que darlo mascado y presentar una única opción. Pero, aun así, ahora viene la segunda fase.

- Oye, pero ¿me lo vas a instalar todo? ¿no? es que yo no…

A todas las horas que has pasado buscando el modelo idóneo súmale las de configuración de sistema e instalación de aplicaciones. Pero ya se sabe. A los informáticos estas cosas "no nos cuestan nada". ¿Ya hemos acabado? ¡Noooo!. Cuando termina la segunda fase hay una tercera que es montar el ordenador Porque sí, hay gente que no sabe ni conectar el ratón o el monitor. Por lo que tienes que ir a su casa, (apúntese aquí desplazamiento gratis) y conectárselo todo. ¿Ya está? ¡¡¡Que noooooo!!! Hay una cuarta fase.

- ¡Uy!.. yo no lo tenía así…

- Es que este es OTRO ordenador...

- Ya. Quiero decir que en el escritorio no está el Word ni el Excel y el uTorrent tampoco lo veo...

- ... vamos ver… los programas están aquí. Lo que tú dices son accesos directos que los puedes poner así o asá, etc… Y el uTorrent y demás cosas te las tienes que instalar tú, no vienen con el sistema, son programas a parte y…

- Creo que te dije que lo quería…
(*Encima con exigencias el cabrón*)

- ...mmm... vale..., mira..., dime que más quieres y ya que estoy aquí te lo instalo todo.

En el fondo efectivamente uno es idiota. Te vas a tu casa pensando que ya has dejado al colega o familiar contento con su nuevo cacharro, pero no. Pobre ingenuo gilipollas. Al día siguiente ya tienes el correspondiente mensajito en el móvil: "llámame cuando puedas que tengo un problema con el PC". Es en ese momento es cuando se cumple lo que comentaba a principio del capítulo. Tú le has aconsejado que ordenador comprar, tú se lo has instalado y configurado, por lo tanto tú y sólo tú serás el responsable de todo lo malo que le ocurra a ese cacharro, encargándote de su mantenimiento gratis de por vida. Más de uno me ha soltado aquello de: "es que me he comprado el que tú me has dicho", como si ese argumento tuviese que ver con que le hayan entrado virus por el mal uso que ha hecho. ¿Soy yo el único que se da cuenta de la delgada línea entre hacer un favor y abusar? Si un amigo me aconseja comprarme una tele y al mes se me estropea no le echo a él la culpa ni le digo que venga a mi casa a arreglármela. Estás trabajando toda la semana y tus escasas horas libres las dedicas a resolver los problemas informáticos de tus conocidos. ¿Alguien te va devolver ese tiempo? ¿Te van a pagar?. Como mucho alguien te invitará a una cerveza de lata pensando que así queda en paz la cosa. ¿Y qué me dices cuando son amigos de amigos o familiares de familiares? o, peor aún, conocidos de conocidos o familiares de compañeros de trabajo.   Esperpéntico.

Y, ¿Por qué no dices que no "pringao"? Efectivamente. Eso hice. Entonces el colega informático enrollado y guay se convirtió en un tío "esaborío" y estúpido.

Mi mujer vino un día con un portátil bajo el brazo. Si, así. Una madre del cole se lo dio, a saco y sin preguntar, como siempre.

- Te traigo el portátil de Eva – dijo mi mujer con algo de miedo sabiendo lo que me jodían estas cosas – es que no me la he podido quitar de encima…

- ….

- … además, dice que lo necesita para mañana por la tarde. Que si no puedes que se lo devuelva rápido para llevarlo a algún sitio a reparar.

- ¿Ah sí? ¿tiene prisa? Pues ya se lo estás devolviendo.

Y tal como llegó ese portátil fue devuelto a su dueña. ¿Sin pedirlo por favor? ¿Encima con exigencias de plazo de entrega?, pero ¿Qué coño se han creído que es esto? ¡A tomar por culo!

He tenido que comentar a mis familiares cercanos que jamás, repito, jamás digan por ahí que soy informático. Triste, ¿verdad? Esconder tu profesión para que te dejen tranquilo.

¿Otro ejemplo de cómo crees que estás ayudando y en realidad estás desperdiciando tu vida? Ahí va.

- ¡¡¡Hola!!!, ¿qué pasa?, ¿Cómo estás? – me llama un día una prima hermana.
(*Uy, qué raro, esta no suele llamar*)

- Pues bien, ¿y tú?

- Bien, es que querría pedirte un favor…
(*A que lo adivino*)

- Quiero comprarme un ordenador pero no tengo ni idea. ¿Me puedes ayudar y mirar por ahí y aconsejarme cual pillarme?
(*Pues claro, menos mal que me dan trabajo porque no sé qué hacer sin un ordenador en las manos...*)

- Eeeehh... pues..., bueno... – lo dicho, uno es gilipollas – pero dime al menos que quieres así por encima y cuanto te quieres gastar.

- No me quiero gastar mucho, unos 400 € o así, lo quiero solo para navegar y hacer algo de Office.

- Vale. Pues te lo miro y ya te diré algo

- ¿Tardarás mucho?
(*Es gratis tía, tardaré lo que me salga de los cojones*)

- Intentaré que no demasiado.

Al cabo de una semana o así la llamo y le digo el modelo, la características, lo que vale y donde comprarlo. A la carta. Le comento que ya me dirá algo cuando se lo compre. A las dos semanas me llama.

- Oye, ya lo tengo,… pero no el que tú me dijiste...

- ¿ah no?

- No. Un compañero del curro al que también le gusta la informática - (se suele poner al mismo nivel al profesional y al que "le gusta") – me ha aconsejado uno de 16 GB. de RAM en vez de 8 GB. y un CoreI7 en vez de un I5 como tú me dijiste. Es que dice que así es "más potente".

- Ya, pero ¿no me dijiste que no querías gastarte mucho y para que lo querías? Yo me he ceñido a eso y te he buscado lo que creo que es la mejor calidad/precio. Ese te habrá costado más caro.

- Algo más, sí…

- Pues para eso no necesitas mi consejo. Cómprate el ordenador más caro que encuentres y así seguro que aciertas.

Y suma y sigue horas de mi tiempo libre tiradas a la basura. ¿Tan difícil es valorar el tiempo que una persona ha empleado en ayudarte? ¿De verdad que no lo ven?

- Tú eres informático ¿verdad?

- Depende de para qué.

- Ja, ja... es que... - ahí viene de nuevo – tengo un problemilla con mi PC…

- No hago cosas personales.
(*Buff, ha costado, pero ahí queda*)

- Es sólo una pregunta…

- No te lo tomes a mal – encima tengo que excusarme - es que, por experiencia, resolver un problema informático con palabras a alguien que no entiende, hace que la respuesta sea larga y, a menudo, complicada y eso me va llevar tiempo y más preguntas por tu parte.

Esto, más o menos, es lo que suelo intentar explicar ahora sin llegar a más detalles. No se me ocurre ninguna manera más cortes de rehusar. Alguno me ha llegado a decir que "me lo paga" y también he dicho que no. Lo que puedes llegar a cobrar no te compensa en absoluto las horas que le vas a dedicar. Además, si les cobras, con más motivo te llamarán por cualquier cosa que les pase como si fuese una garantía infinita. Si ya lo hacen gratis imagínate cobrando. No, no compensa. Cuanto más mayor me hago lo único que quiero es más tiempo libre, no dinero.

¿Y si son los jefes del curro los que te piden favores personales? Pregunta a algún informático que conozcas y todos te explicarán lo que han tenido que tragar con sus jefes. El jefe no sólo te trae su portátil, móvil, tablet o cualquier cacharro que se te ocurra, si no los de sus hijos, su mujer, sus ancianos padres, los de toda su familia y los de sus colegas del club de golf. ¿Y quién le dice que no a quien te paga el sueldo? He llegado a ir varias veces a casa de los jefes a arreglarles sus PC's, montarles una red, configurarles la WiFi o incluso buscar los canales de televisión. Sí; te dan las gracias, pero nada más. ¿Alguien que no sea informático le pasa esto? Creo que no.

- Tío, quiero hacerme una web. ¿Tú sabes, no?

Repito. No. Un informático no es especialista en todo lo que pueda hacerse con un ordenador. Al igual que un mecánico puede no saber pintar un coche o un arquitecto no sabe poner ladrillos aunque diseñe el edificio.

Pero en este caso sí sabía. Mierda.

Un primo quería publicitar su negocio además de tener un apartado de blog para ir colgando las novedades

- Pues si es solo eso con cualquier plantilla de Wordpress ya haces.

- Buff, tío, yo no entiendo. ¿Me ayudas?, te pagaré.
(*Coño, la primera vez que quieren pagarme. Tengo lágrimas en los ojos…*)

No quería liarme y quitarme tiempo, pero venía el verano y ganar algún extra no vendría mal, él no tenía prisa y además parecía fácil. Pobre gilipollas… Le dejo claro que una cosa es hacer la web y otra ir dotándola de contenido. Lo último debe hacerlo él. Le daré una pequeña formación para que sepa añadir entradas en el blog, subir fotos y cuatro cosas muy fáciles, puesto que siempre es igual. Acordamos 200€, muy barato para todas las horas que iba a emplear más la formación. Lo de siempre, es un familiar, vamos a hacerle un favor.

Después de hablar sobre cómo la quería, fotos, etc… quedamos un día para enseñársela y hacer la formación. Le gusta como ha quedado, me paga y listos… ¿listos?... no majo no. Unas dos semanas duró la tranquilidad.

- Ring, ring, riiiiiiiiiggg……
(*Ay, ay que este solo envía WhatsApp's, no me cuadra que llame…*)

- Oye, nada, que todo súper bien, ¿eh?, pero una cosa. ¿Cómo puedo cambiar los menús de la cabecera?

- Hombre, a ver, es que eso no es para comentarlo por teléfono y ya es meterse más en el diseño. Pero, ¿Qué quieres hacer? Te pareció bien como quedó ¿no?

- Sí, pero he visto la web de mi "cuñao" y me ha gustado como la tiene. Quiero cambiar el orden de los menús y el tipo de letra… de toda la web ya que estamos. ¿Te digo como y me lo haces por fa?

- … eeehhh, venga, va…
(*Tonto perdido, si ya me lo digo yo.*)

Aparco mis asuntos. Enciendo mi ordenador. Abro el navegador y entro en Wordpress en modo administrador. Le cambio los menús como dice y el tipo de letra. Mierda, sale movido. A ver cómo lo arreglo. Parece que ya está. Hora y media.

Mensajito al primo:

- Míratelo a ver qué te parece

- Ok!!
(*Gracias no, ok...*)

Unos días después.

Bzzzzzz – vibra el móvil. Mensajito de "guasap" del elemento.

- ¿Cómo puede hacerse más grande la foto de la página de contacto? Ya me dices!!!

(Adjunta una foto de una tía en bolas, cree que igual con eso me tomaré mejor su pregunta)

Es de aquellas cosas que tardas más en explicarlo que hacerlo. Además, para explicarlo bien, o le llamas, cosa que no me apetece ni tiempo que tengo o intentas explicarlo por "guasap", lo que es una mala idea, puesto que provocará más preguntas.

Mensajito mío.

- Ya te lo hago yo. ¿Cuánto más grande?

- El doble y pegando a la izquierda.

Aparco mis asuntos. Enciendo mi ordenador. Abro el navegador y entro en Wordpress en modo administrador. Redimensiono la foto para que quede más grande. La foto original no tenía mucha resolución, por lo que al ampliarla queda fatal.

Mensajito al primo

- ¿no tendrás esta misma foto u otra similar más grande verdad? Tiene poca resolución y si la hago más grande no queda bien.

- Si, te la paso.

El capullo va y me la pasa por "guasap".

Me reenvío la foto a mi correo y de allí la bajo al archivo que tengo de su web. La abro con Photoshop. Está mejor que la otra y puedo hacerla más grande pero tengo que recortar unos marcos feísimos que la otra no tenía, además es más oscura y parece algo desenfocada. La arreglo como puedo. No ha quedado mal. Una hora. Seguiré mañana.

Al día siguiente.

Aparco mis asuntos. Enciendo mi ordenador. Abro el navegador y entro en Wordpress en modo administrador. Subo su nueva foto de mierda. Creo que queda bien. Media hora.

Mensajito al primo

- Míratelo a ver qué te parece

- Guay!!

Una semana después.

Bzzzzzz – vibra el móvil. Abro su "guasap" sin querer. Mierda. Ahora sabe que lo he leído.

- Tío, pongo las imágenes que quiero en una entrada del blog y cada una me queda diferente. ¿Cómo las pongo todas iguales?
(*Dios, que pereza…*)

- Te llamo.

Aparco mis asuntos. Enciendo mi ordenador. Abro el navegador y entro en Wordpress en modo administrador.

Llamo al primo.

- A ver. Ya estoy delante de tu web. ¿Qué quieres decir?

- Mira, ves a la última entrada del blog que he hecho. ¿Ves las fotos?

Efectivamente cada una era de su padre y de su madre.

- Esto es porque tienen diferentes tamaños. O bien las haces todas iguales antes de subirlas o desde aquí, si las editas, le puedes poner también el mismo tamaño a todas.

- Pues yo no tengo el "potoshó" ese. ¿Lo tienes tú?
(*¿Iré al infierno si miento?*)

- …. eh…., si……

- ……….

- ……….

- ……….

- … vale… pero la próxima vez intenta subirlas todas iguales…

Al final no hizo falta. Desde el propio Wordpress las pude poner todas iguales y le expliqué como hacerlo. Conversación y trabajo, una hora.

Me lo encuentro por la calle pasados unos días.

- ¡¡ ¿Qué pasa??!!

- ¡Hey! ¿Cómo va el negocio?
(*Evito el tema que tú y yo sabemos*)

- Bien, blablablá

- Por cierto…
(*Ya está…*)

- Todo bien, ¿eh? – primero lo deja claro antes de la estocada – pero el blog sí que me hace cosas muy raras…
(*Un borracho hace cosas raras, las webs hacen lo que les has dicho que hagan.*)

- Algunos menús se me han movido, no encuentro una entrada en el blog que hice y no sé qué coño pasa que la gente no puede poner comentarios….

- Algo habrás tocado…

- Que no tío, lo hago todo como me dijiste - los cojones – pero un día va y me encuentro con esto que te he explicado. ¿Lo podrás mirar cuando puedas?

- Cuando pueda.

Aparco mis asuntos. Enciendo mi ordenador. Abro el navegador y entro en Wordpress en modo administrador. Había movido los menús, había eliminado una entrada del blog y había deshabilitado los comentarios en los blogs. Nada de eso de hacía solo.

Mensajito al primo

- Ya lo tienes arreglado. Cuan quieras llámame y te explico lo que ha pasado señor yo no he tocado nada.

Tiempo empleado. Una hora.

De esto es de lo que me acuerdo, pero, por supuesto, hubo muchos más mensajes y llamadas. Esta fue la primera y última web que hice por encargo. Nunca más. Y, por si te interesa, aunque de una manera mucho más escalonada, todavía me pide cosas.

La informática, o, al menos, en algunas ramas de ella, es una profesión denostada, enormemente infravalorada, dura, estresante, solitaria, desagradecida, frustrante y muy, muy mal pagada.

Capítulo 16

Los putos informáticos

- Va a venir el informático a instalarte un programa. En cuanto lo haga, ejecútalo.

- ¡Putos informáticos, acabemos con ellos!

Menudo llorica, venga a echar pestes de la gente, ¿y los informáticos, que?, porque hay cada uno que vaya tela... Es cierto. Como en la viña del Señor también hay de todo en nuestra profesión. Sin que yo sea ejemplo de nada, me he llegado a cruzar con cada compañero que..., en fin... Seguro que acierto cuando, si te digo que pienses en el arquetipo típico de un informático pensarás en lo siguiente: un tío introvertido, tímido, raro, friki, y, quizás, gordo, gafotas, con poco gusto para la ropa y que no sabe hablar de otra cosa que no sea la informática y los cacharros electrónicos. Pues sí, los hay. Aunque he de decir que yo no tengo nada de eso.

Como sabes, está de moda esto del coaching en las empresas. El jefe paga una morterada a una empresa para que, por medio de juegos, reuniones de hermanamiento y demás los empleados se sientan más útiles, productivos y motivados. Vamos, lo que debería hacer un buen jefe pero no sabe.

Señores jefes. No hace falta que se gasten más dinero en coaching's ni leches. De manera gratuita y en un momento, les voy a dar la solución para que sus empleados estén más motivados y sean más felices. Súbanles el sueldo.

El caso es que el jefe estaba aburrido y contrató uno de estos servicios. Un día vino a la empresa una especie de psicólogo/RR.HH./evaluador o no sé qué nombre se auto pondría él, para entrevistarnos a todos individualmente. ¿"Pa qué"?, no sé. El caso es que me toca a mí.

- Hola, me llamo "el entrevistador"

- Un placer.

- ¿Tú eres "el informático"? – dijo con media sonrisa y como si le sorprendiese.

- Si.

- Ah..., bueno. Explícame por favor cuáles son tus funciones.

- Pues blablablá…

- Vale. Eso es todo. Perdona, ¿te puedo decir una cosa un poco personal?
(*Hostia, que querrá este...*)

- Es que no pareces el "típico informático". – dijo sonriendo.

- No le acabo de entender…

- … no, bueno..., perdona, lo digo por aquello que dicen de los informáticos… - el hombre no sabía muy bien como decirlo, pero le entendí.

- Ah!, ya sé a qué se refiere. Que no soy el típico friki gafa-pasta raro e introvertido que se esperaba no?

- Ja, ja, si, más o menos, perdona, no sabía cómo decirlo.

- Bueno, tiene que ver con los tópicos. Supongo que hay de todo.

La verdad es que el hombre me cayó bien y, dicho sea de paso, nunca supe para que sirvió aquella entrevista. Imagino que para pasarle un informe al jefe con la evaluación de todos nosotros. Con esta pequeña anécdota simplemente quería mostrar cómo se nos ve o como se nos imagina normalmente. Eso pasa en pocas profesiones. No existe "típico panadero" o "el típico piloto de avión" o "el típico mecánico". Pero, si se menciona "el típico informático", en seguida se nos viene a la mente el ser poco agraciado en el que todo el mundo piensa. No pasa nada. Es como el Sol, la Paella y el flamenco. Que se le va a hacer. Más de uno me ha dicho aquello de que "no te lo tomes a mal pero es que no os soporto a los informáticos". En realidad se refieren a los problemas que les dan sus ordenadores, pero con alguien se tienen que desfogar. Sin embargo esto me ha llegado a pasar a mí. Si. Yo mismo soy informático pero, a veces, no he soportado a los informáticos como explicaré a continuación.

En una ocasión fui a la presentación de un software, no recuerdo cual. Son estas invitaciones a algún evento que te envían de vez en cuando los diferentes proveedores para enseñarte algún producto que después van a intentarte vender. No está mal, normalmente luego hasta te dan de comer. Como casi siempre he estado solo en el departamento de informática, siempre iba solo. Bastante rollo la verdad. Veía a los demás en grupos de tres o cuatro y no acababa de entender de donde salían y porque habían ido tantos juntos. Que desperdicio de tiempo y optimización de los recursos. Cuatro tíos de la misma empresa al mismo evento. Con uno que entienda sobra. Pero lo curioso es que, en este tipo de eventos lo que menos iban eran informáticos. Veías jefecillos, responsables de marketing, de recursos humanos y demás perfiles poco o nada en común con la informática. Tristemente seguro que luego iban al informático de su empresa y le explicaban lo que habían visto y que ellos tenían que tenerlo sí o sí. Sin tener ni pajolera de informática ni saber si aquello iba a ser compatible con lo que tenían hasta ahora o del coste o cambios que ello supondría. Porque claro, ¿quién era el informático para tomar decisiones?. El caso es que en uno de esos eventos y cuando ya estaba a dos carrillos atacando los bocatas de chorizo y demás pica-pica con el que nos habían obsequiado, me junto casi sin querer con tres compañeros de profesión. Qué raro, éramos cuatro informáticos en el mismo evento. Era fácil distinguirlos. Iban sin corbata, camisas a cuadros, gafas y estaban hablando de sistemas operativos.

- Hola!

- Hola….

- ¿Sois informáticos no?, lo digo por lo que estabais hablando… se nota…

- Sí ¿tú también?

- Si. ¡Que se le va hacer!

- Y eso ¿Por qué?
(*Joder, que poco sentido del humor…*)

- Nada…, es broma...

- …

- … pues yo creo – continuó uno de ellos – que el Nod32 es el mejor antivirus, es el que da menos falsos positivos y…

- Pues para mí no – dijo otro – el Norton es el que mejor me ha ido de todos los que he probado...

- Pues yo tengo el Panda – dije sin demasiado entusiasmo.

- Buff! – dijo el otro – el Panda – como si fuera un sacrilegio - No me gusta nada.

- A mí tampoco – ya salió el otro listo

- Si, menuda caca – el que faltaba.

- … pues a mí me ha ido bien. Ya sé que es español y eso no mola, pero no está nada mal. Y económico.

- ... el Nod32 es bien soportado por mis máquinas virtuales – empezó a decir el que se creía que dominaba más que el resto – ahora he actualizado a Windows 16 server y, blablablá…

- Con Windows 16 datacenter puedes tener gran capacidad de virtualización – asintió el otro.

- Además de ser compatible con las necesidades de memoria y almacenamiento a gran escala – puntualizó el otro.
(*Bufff, ya se están liando, que coñazo!*)

- No está mal el "pica-pica" este, eh? – dije con mi habitual sonrisilla - ¿Habéis visto a esos trajeados comiendo como cerdos? Mucha corbata pero creo que pasan más hambre que un informático, ja, ja...

- ….

- ….
(*Lo dicho, sentido del humor nulo*)

- Ahora hemos cambiado toda nuestra red a Gigabyte y va todo como un tiro – continuó el listo pasando de mi – ya se lo dije a mi jefe y me ha felicitado.
(*Pues chaval, o te estás tirando el rollo o que suerte que te feliciten por algo*)

- Por cierto, sabéis como puedo desde "Putty" enviar un "brake" – dijo uno

- Lo puedes hacer con un "Ctrl+brake" y…

- Además, en las opciones, la nueva versión te deja guardar nombres de "hosts"

(Madre de Dios, que soporífero, que pasión le ponen al puto programita)

- Puedes controlar la clave de cifrado SSH y el protocolo, además de blablablá…

No lo soporté más. ¿Es que no saben hablar de otra cosa estos putos frikis? ¿Qué me estaba pasando? Realmente no era problema de ellos, era mío. Como ya he dicho anteriormente la informática es mi trabajo, y hay cosas de ella que me gustan, pero también me gustan otras miles de cosas en la vida que no tienen nada que ver. Esos chavales solo hablaban de su trabajo y, verdaderamente, lo hacían con pasión. ¿Había perdido yo esa pasión?, ¿me estaba cansando de la informática? Ya no soportaba (no soporto) hablar de la informática continuamente. Supongo que porque es mi trabajo e intento desconectar cuando salgo de él y disfrutar de otras cosas de la vida. Seguro que tú que lees este libro conoces a alguien en tu vida que siempre está hablando de su trabajo, o bien o mal, y seguro que piensas que es insoportable. Yo no soy así. No quiero ser así. Por eso, a este tipo de compañeros, con todo el cariño del mundo, no les soporto. Ya no puedo, me raya y me hastía.

Otro aspecto negativo que se da en algunos ámbitos informáticos, es esa especie de postura o aires de superioridad que adquieren algunos compañeros cuando son conscientes de ser los que más saben de informática de la empresa, por lo tanto, el resto, simples usuarios, son tratados con desprecio por ser ignorantes en la materia. Ante el trato casi vejatorio que pueden darte algunos usuarios, tal como me ha sucedido y he explicado, de forma puntual, en el caso de este tipo de informáticos son ellos los que tratan mal al usuario o a cualquiera que sepa menos que ellos porque sí. Por fortuna no abunda, pero casos existen. En algunos casos, en empresas pequeñas, "disfrutan" de una situación de poder que, incluso, tienen sometidos a los dueños a su voluntad, casi haciéndoles chantaje, puesto que, durante años, han dejado que se encargase de todo sin ningún tipo de control y supervisión y temen que, si se marcha o lo echan, la empresa se vaya a tomar por saco. Todo el funcionamiento técnico de ésta depende de él, y sólo él sabe cómo funcionan según qué cosas. Si quiere puede hundir la empresa. En realidad esto es algo que podemos hacer casi todos los informáticos. Tenemos acceso a todo, lo sabemos todo y, si quisiéramos, podríamos dejar una empresa sin actividad durante semanas y eso significa que una empresa quiebre. Así de sencillo. Que jamás se subestime este poder. Qué miedo, ¿eh? Tranquilo mundo, como he dicho en capítulos anteriores os salva que somos buenas personas.

Este tipo irrespetuoso de informático no se comporta así sólo con los usuarios, sino también con otros compañeros de profesión que, en realidad, es a lo que voy. Alardean de conocimientos y carecen de toda humildad. Están en una lucha continua de rivalidad por ser ellos los que más sepan de todo y más a la última estén en todo. Pueden desacreditar incluso a su propio compañero también informático para dejar bien claro delante de gerencia quien corta el bacalao en el tema IT y que "el otro" puede ser imprescindible en un momento dado. Evidentemente esto no es exclusivo de la profesión de informático. El "listo que todo lo sabe" se encuentra en cualquier parte, siempre dispuesto a dejar a sus compañeros a la altura del betún si por ello cree que será el mejor considerado. Una de las cosas que te explica la gente sobre los informáticos es que "no nos entienden cuando hablamos". Sé exactamente a que se refieren. Como has podido comprobar en este libro he intentado conscientemente no utilizar demasiados tecnicismos y obviando todos los procesos que pudiesen ser demasiado técnicos o engorrosos para el lector, precisamente para que la lectura fuese lo más agradable posible para alguien con conceptos muy básicos en informática. Sin embargo es cierto que es difícil no utilizarlos cuando algo se denomina de x manera y no encuentras un sinónimo mejor. Para poner un paralelismo algo exagerado habría que ponerse en la piel de un físico teórico si intentase explicar anécdotas de su trabajo a alguien, como la mayoría de nosotros, que no tuviésemos unos sólidos conceptos de física. Dicho esto podríamos catalogar en tres tipos de informático cuando se trata de explicar cualquier concepto. Por un lado está el que tiene la empatía suficiente como para ser consciente las posibles limitaciones en el campo de la informática que pudiese tener su interlocutor y trata de transmitir los conceptos de la manera más sencilla posible. Creo que me encuentro en este primer grupo. Otro grupo son los informáticos que verdaderamente lo viven y les es imposible utilizar un lenguaje más asequible al resto de los mortales olvidando, en su pasión por el oficio, que la otra persona no está entendiendo nada. De estos hay muchísimos. Sin embargo lo hacen sin querer, de una manera totalmente inconsciente. No están alardeando de conocimientos o intentando dejar al otro como un tonto, simplemente se dejan llevar por su entusiasmo intentando que el otro se empape de él. Y por último, por supuesto, está el que es consciente de a quien tiene delante y utiliza conceptos y palabrejas técnicas para, o bien alardear de cómo maneja el lenguaje informático, o bien para chulear e intentar dejar al interlocutor como un tonto. Este último personaje simplemente sufre de una muy baja autoestima, ya que solo puede alardear de conocimientos con personas que no pertenecen al mundo de la informática para así poder sentirse superior. Por ello, cuando no entiendas a un informático, intenta discernir si pertenece al segundo o al tercer grupo. Si es del segundo grupo adviértele que no te estás enterando de nada, y como buen profesional, te pedirá disculpas y se esforzará en utilizar un lenguaje más asequible. Si es del tercer grupo te darás cuenta enseguida, entonces puedes mandarlo a la mierda.

Capítulo 17

Las putas "cárnicas"

Algo malo debe tener el trabajo, o los ricos ya lo habrían acaparado.

Cantinflas

A las subcontratas del sector se les llama "cárnicas", puesto que explotan a los técnicos que tiene contratados y los tratan como cachos de carne. He de decir que nunca he trabajado para este tipo de "empresas", pero conozco a mucha gente que sí, por lo que sé que se cuece y cómo funcionan. Trabajar para estas subcontratas puede parecer una buena manera de empezar a adquirir cierta experiencia en el mercado laboral y, de hecho, ese es el principal reclamo de estas empresas y la principal defensa que tienen en cuanto se les acusa de explotadores. La mecánica es sencilla. El "chaval" acaba sus estudios de informático, carrera o formación profesional y, obviamente, no tiene experiencia. Encuentra anuncios de estas empresas las cuales van cambiando de nombre o tienen varios para intentar esconder sus miserias. Son anuncios fáciles de distinguir, puesto que una misma empresa ofrece cantidad de puestos diferentes y muy genéricos. Son muy fans de buscar a gente dispuesta a turnos de 24x7, es decir, personas sin vida y sin obligaciones familiares para poder contar con ellas hasta en Nochebuena si hace falta. Helpdesk con algún idioma, portugués, alemán, etc… o gente con vehículo propio para tenerlos todo el santo día arriba y abajo de una empresa a otra.

Nuestro informático "virgen" acude a la llamada de una de estas "cárnicas" en busca de la ansiada experiencia y no tarda en darse cuenta del percal. Acude a la entrevista y descubre que el puesto

168

para el que optaba es indiferente, se trata de tan solo un reclamo, podía a ver respondido a un anuncio de cualquier especialidad. Lo que hacen es tomarle nota de sus conocimientos para incorporarlo a una base de datos y echar mano de él en caso de que en un futuro requieran un perfil como el suyo, es decir, para cuando tengan una oferta "de verdad".

- Ring, ring, riiiiiiiiiggg……

- ¿Sí?

- ¿Filiberto Comemierda?

- Yo mismo

- Te llamo de la empresa tevoyaexprimirtodoloquepuedaymas porque hace 6 meses pasaste por aquí para una entrevista.

- Siiiii, siiiiii!!!
(*El pobre está ilusionadísimo*)

- Nos ha salido un puesto que creemos se puede ajustar a tu perfil. Se trata de una migración de Windows 7 a Windows 10 a realizar en 200 equipos y…

- … pero… yo me ofrecí como administrador de sistemas y red…tengo la carrera de ingeniero de sis…

- Es que ahora mismo es lo que tenemos. ¿Te interesa? Si no te interesa tendremos que "apartar" tu solicitud y no sé cuándo podría salir otra cosa…
(Esto quiere decir que dejaran tu C.V. en la parte de abajo del montón o lo tirarán directamente por no haberte vendido)

- …eeehhh… bueno…
(*Normal, todo sea por la ansiada experiencia*)

- Vale, pues el día 3 tienes que estar a las 09:00 h. en la empresa "vasaflipar".

- … pero… que horario tendré, cuanto me pagarán …

- … ya te lo dirán allí...

Cuando el amigo llega a la empresa pueden pasar dos cosas como mínimo. O bien efectivamente el trabajo se ajusta a lo que le han dicho o bien tiene poco que ver o la empresa a la cual ha ido a parar lo emplean para eso y lo que haga falta. También descubre que tu "cárnica" se ha comprometido con esa empresa a un horario, trabajos, duración o tipo de jornada a cerca de lo cual tú no sabes nada. Pero claro, ya estás allí, y, aunque ya habías visto algunos signos, confirmas que, efectivamente, la "cárnica" es una mierda de empresa. Lo peor de todo es cuando llega la nómina, si es que pagan puntualmente. La empresa que ha pedido un informático paga 2.500€ por ti, mientras que tú vas a ver 800. Ahí es cuando piensas si ser informático, tantos cursos y tantos estudios, ha sido buena idea. Te acuerdas de tu colega el cual sólo tiene el EGB de milagro y ahora está en una empresa empaquetando tan tranquilo reproductores mp3 por 2.000 pepinos al mes. Algo falla, esto no compensa mis conocimientos.

Pese que ahora, con la crisis, las edades de los que trabajan en estas "cárnicas" presentan un abanico muy amplio, muchos siguen siendo muy jóvenes por los motivos que he expuesto. La rotación es muy alta. La mayoría los tienen de un sitio para otro, sin horarios fijos y con un bajo salario. Aguantan lo que pueden y a la mínima que encuentran algo medianamente decente se largan. O bien, han tenido la suerte de trabajar para una empresa en la que finalmente los han incorporado en plantilla. La explotación es tal que a lo largo de los años han habido varias denuncias. Por supuesto la "cárnica" se defiende orgullosa de que "dan una oportunidad a jóvenes sin experiencia". La típica respuesta basura de lo que, en el fondo, no son, en su mayoría, más que explotadores.

Capítulo 18

Los putos sueldos

Puede que el dinero no compre la felicidad, pero prefiero llorar en un jaguar que en un autobús.

Françoise Sagan

En este capítulo, y casi anexo al capítulo anterior, voy a desvelar las "estupendas" remuneraciones que recibimos los informáticos en general después de habernos pasado años estudiando y actualizándonos casi por obligación. Como ha sido fácil intuir debido a las pinceladas sobre este tema que he dado en capítulos anteriores, los informáticos no tenemos, ni mucho menos, lo que se llamaría "un buen sueldo", ni, en muchos casos, un "sueldo decente" acorde con nuestros conocimientos y tipo de trabajo. Mucha gente cree que no es así. Nos ven como solucionamos los problemas de sus máquinas y piensan "¡guau!", "como domina este tío", "yo no podría". Valoran esos conocimientos, tú también, pero las empresas se ve que no. La mayoría, cuando les dices lo que cobras, muestran extrañeza. Al igual que tú no entienden porque se valora tan poco un profesión, hoy día, tan primordial, imprescindible y necesaria en cualquier ámbito. ¿Cuál puede ser el problema? ¿Hay demasiados informáticos? ¿Hay mucho intrusismo? ¿No nos sabemos valorar? Quizás sea un poco de todo. Quizás el motivo más doloroso de reconocer es que no nos sabemos valorar. Yo mismo he cometido en el pasado ese error. No he sido consciente de que poseía unos conocimientos no accesibles a la mayoría, no les he dado importancia, por lo que me he rebajado impunemente al mangoneo de las empresas. En una ocasión me quedé sin trabajo de forma inesperada después de varios años en una empresa. Mi sueldo era lo única que entraba en casa. Tenía familia que dependía de mí, hipoteca, etc… y se me cayó el mundo encima. Estaba dispuesto a cualquier mierda de trabajo con tal de tener ingresos. Gran error.

Acudía una entrevista y después de la cháchara, el impresentable del dueño/jefe/director, porque como relataré después es de la forma más suave que puedo llamarle, me comunicó el sueldo.

- Primero serán unos 1.200€ netos. Si en tres meses "me gustas" subiré a 1.500€ y si en seis meses me sigues gustando serán 2.000€.

Bueno, pensé, con 1.200€ no me llega, pero sólo serán tres meses y a partir de ahí irá subiendo hasta los 2.000 que no están nada mal.

- ¿Te parece bien? Lo digo porque ha venido uno antes comentando que 1.200€ le parecía poco para el tipo de puesto y que él valoraba en mucho más sus conocimientos. Le he dicho que me parecía muy bien pero que eso era lo que había y que había más gente en la cola.

A este punto quería llegar. Ese compañero anónimo tuvo los cojones suficientes como para valorarse y no permitir ese abuso. Quizá lo necesitaba más que yo, quizá no, pero el caso es que hizo lo que en su interior pensaba que tenía que hacer. La conclusión es que si todos los que hubiésemos acudido a esa entrevista nos hubiésemos valorado igual ese tío hubiese tenido que aumentar el sueldo para conseguir un informático. Como, por desgracia, esto no es así en ninguna profesión, el problema con el mercado laboral informático es como cualquier otro. Que si no te parece bien pues puerta, que ya vendrá otro al que sí.

Esa misma noche me llamó el susodicho diciendo que mi perfil le había gustado y que si quería podía empezar mañana. Ni que decir la alegría que yo y mi familia nos llevamos. No entraré en detalles pero el lugar era el fiel reflejo del dueño; una basura en toda regla. Se trataba del típico déspota, tan sólo un burro inculto que había tenido suerte en los negocios sin ninguna formación empresarial, ni empatía ni respeto de ningún tipo para con los trabajadores. Llegó la nómina. Efectivamente unos 1200€ netos. Pasaron los prometidos 3 tres meses. Pasaron cuatro, cinco y seis. Al sexto mes y ver que no había ningún aumento fui a hablar con él.

- Quería hablarle lo que me comentó en la entrevista. Es que ya han pasado más de tres meses y no me ha aumentado el sueldo como me dijo.

- ¡Cuando funcione todo! – dijo el miserable sin levantar la vista de su asqueroso iPhone.

- ¿Qué quiere decir que "cuando funcione todo"?

- ... pues... – dijo resoplando como si no tuviera porque darme explicaciones – esto da errores, ni aquello tampoco va bien, ni lo de más allá…

- ... pero… vamos a ver..., no sé qué quiere decir con eso. Problemas va a ver siempre, ahora hay estos y mañana habrá otros, precisamente para esto estoy aquí…

- … arréglalos… – dijo continuando sin levantar la vista.

No le contesté. Me di la vuelta y salí de su despacho con una increíble mezcla de rabia, tristeza e impotencia. Me sentía estafado. Obviamente el payaso no pensaba subirme un duro jamás tal y como así sucedió. Duré allí tres meses más, lo que tardé en encontrar otro trabajo. Sentía que había perdido el tiempo, quizás no tenía que haber aceptado ese trabajo y haberme valorado más. De todo se aprende y tomé buena nota. Pero, ¿si soy un buen currante y lo demuestro eso se tendrá en cuenta no? "angélico". En la informática como en cualquier trabajo que curres mucho y sepas mucho no es sinónimo de una gran remuneración. Es sinónimo de que si eres espabilado irás de empresa en empresa vendiendo tus conocimientos al mejor postor. Aunque ser un máquina no siempre tiene sus beneficios en este país. Me viene a la memoria una reunión en donde se discutía implantar un software de gestión de inventario en el almacén. Asistí boquiabierto a un comentario del jefe el cual es para reflexionar si, nuevamente, uno no está haciendo el imbécil dejándose la piel.

- … pues antes de implantar el programa habrá que contabilizar cuantas cajas tenemos de placas VGA – dijo el jefe – y rápidamente, que se nos hecha el plazo encima.

- Ok – dijo el responsable de logística – se lo diré a Juan para que empiece ya.

- Bufff,.. a Juan…, pues no llegaremos a tiempo. No – replicó el jefe – mejor a Pedro que es más currante e irá más rápido.

Alucinante. Si eres un buen trabajador serás recompensado con… ¡MAS TRABAJO! Al vago no, que no acabará nunca, mejor al currante. Gran lección niños. A igual sueldo mejor ser un inútil. Te dejarán tranquilo. Esa es la compensación a la cultura del esfuerzo. Muy bien campeón.   Volviendo al tema, el abanico del sueldo medio del informático, sea cual sea su especialidad (esto es el colmo), puede ir desde los 600 u 900 € que puede cobrar un programador o un helpdesk en la "cárnica" de turno, hasta los 2.000€ en el mejor de los casos. Por supuesto hay excepciones que siempre dependerán de cómo considere la empresa que debe valorar tu trabajo, estudios y experiencia. Me atrevería decir por tanto que "un buen sueldo" medio de un informático rondaría los 1.500€. Claro está que si estás cobrando 600€ dirás que de qué nos estamos quejando. Todo depende de "¿comparado con qué?". Uno de mis primos sólo hizo hasta segundo de BUP sin terminarlo y lo dejó, actualmente repone estanterías del "Carrefull" por 1.400€. No es demagogia ni menospreciar un trabajo u otro, simplemente es un ejemplo comparativo formación/salario. Tú mismo date una vuelta por InfoJobs por ejemplo. Filtra por informática y mira lo que piden y lo que están dispuestos a pagar. Extraigan conclusiones.

Otro gran problema que los ajenos a este mundo desconocen es que la ingeniería informática no es una profesión regulada como el resto de ingenierías, se la considera "menor". ¿A qué has flipado? No existe el reconocimiento profesional y eso dificulta ese reconocimiento que falta a nivel empresarial. Hay gente que está a favor y otros en contra de regularizar esta profesión. Sobre este punto adjunto unas acertadas declaraciones de Francisco Jesús Martínez, doctor en informática y colegiado:

"La principal ventaja es la del reconocimiento profesional. A día de hoy un ingeniero en informática tiene 0 reconocimiento profesional. La gente no entiende realmente lo que hacemos. Piensa que somos "Hackers", que nos dedicamos a "piratear" software, que nos pasamos el día jugando a los "marcianos" y que nos dedicamos a arreglar el ordenador, el móvil, la cafetera, la lavadora, etc. Y como además hay tanta gente que "sabe" hacer programas, apps y webs sin necesidad de haber estudiado porque "es muy fácil" hacerlas, por cierto, para ello utilizan herramientas software (diseñadas por ingenieros informáticos), pues cada día vamos a peor y nuestro prestigio está cada vez más por los suelos".

Como ya he señalado anteriormente, en mi opinión hay un gran problema de desconocimiento por parte las empresas a la hora de contratar el perfil de informático. ¿Cómo van a saber lo que quieren si no entienden lo que necesitan?

El mundo de la tecnología está dominado por dos tipos de personas:

- Los que entienden lo que no dirigen.

- Los que dirigen lo que no entienden.

Relataba al principio del libro que la informática pertenecía a la rama administrativa. Vamos, que no sabían muy bien donde colocar "eso tan nuevo". Eso muestra por dónde van los tiros profesional y económicamente hablando. Como también he explicado, dentro de una empresa, es muy habitual colocar al informático en un rango salarial similar al que tienen contables, administrativos o logísticos en general. No se valoran estudios, conocimientos ni experiencia en el campo técnico a la hora establecer un salario acorde. Hace unos meses Mercadona alardeó ofertando no sé cuántos puestos de trabajo para futuras aperturas de sus centros. Entre cajeros, reponedores, etc… también pedía informáticos ofreciendo la friolera de 1.200€… brutos. Es decir, igual o similar de lo que podría cobrar una cajera o un reponedor, con todos los respetos a estos también mal pagados puestos, pero que de nuevo muestra el desprecio a esta profesión poniéndola al mismo nivel de conocimientos que el reponedor o cajera, vamos, que informático puede serlo cualquiera. Llegados a este punto comprobarás entonces que el sueldo de un informático dista bastante de obtener una buena relación conocimientos/salario. Es decir, muchos pensarán que, para eso, paso de problemas, no me como tanto la cabeza y me dedico a otra cosa. Y no les faltaría razón. De hecho, una de las ingenierías que han tenido que ir cerrando clases por falta de alumnos los últimos años ha sido la de informática. Y estoy convencido que uno de los motivos es la nula valoración de estos conocimientos a nivel salarial en el mercado laboral. La gente lo sabe y decide que no compensa demasiado estar 5 años currándose una difícil carrera para que luego le obsequien con unos los 1200€ brutos en el Mercadona. Por fortuna esto parece estar cambiando gracias a las nuevas tecnologías. Cada vez se exigen más desarrolladores de portales, inteligencia artificial, seguridad informática, etc... Lo que está por ver es si va a valorar como Dios manda. Como ejemplo muy clarificador sobre "valorar conocimientos" aquí la famosa fábula del "ingeniero y el tornillo":

Había una vez un ingeniero que fue llamado a arreglar una computadora de la que dependía gran parte del proceso productivo de una importante fábrica.

Sentado frente a la pantalla, oprimió unas cuantas teclas, asintió con la cabeza, murmuró algo para sí mismo y apagó el aparato.

Procedió a sacar un pequeño destornillador de su bolsillo y dio vuelta y media a un minúsculo tornillo.

Entonces encendió de nuevo la computadora y comprobó que estaba trabajando perfectamente.

El presidente de la compañía se mostró encantado y se ofreció a pagar la cuenta en el acto.

-"¿Cuánto le debo? "-preguntó.

– "Son mil euros, si me hace el favor."

– "¿Mil euros? ¿Mil euros por unos momentos de trabajo? ¿Mil euros por apretar un simple tornillito?

– ¡Ya sé que mi computadora es una parte fundamental de mi proceso productivo, pero mil euros es una cantidad disparatada!

– La pagaré sólo si me manda una factura perfectamente detallada que la justifique."

El ingeniero asintió con la cabeza y se fue.

A la mañana siguiente, el presidente recibió la factura, la leyó con cuidado, sacudió la cabeza procedió a pagarla en el acto.

La factura decía:

Detalle de servicios prestados

1. Apretar un tornillo…………………..………… 1 euro

2. Saber qué tornillo apretar....................... 999 euros

Moraleja: Aprende a hacer valer tus conocimientos, y empieza a cobrar por lo que sabes, no por lo que haces.

Capítulo 19

Entonces, ¿me dedico a la puta informática?

La respuesta es depende. Pues anda, que me has ayudado mucho. Espera que te cuento. Durante estos años varias personas que se planteaban dedicarse a la informática me han pedido consejo sobre si hacerlo o no. Tan sólo dos han desistido. Me comentaron que tenían dudas, pero después de hablar conmigo lo han tenido claro. No estoy nada satisfecho con ello. De hecho me sentí muy culpable cuando lo supe. Les intenté explicar lo bueno y lo malo y siempre de los sectores que conocía. Además de que cada uno va con su suerte y una cosa puede llevar a la otra. Entiendo que si tenían muchas dudas quizás ya lo tenían pensado y sólo les faltó el empujoncito. Les hice reflexionar sobre si era pasión lo que tenían por el oficio y entiendo que pensaron que no. Sin pasión no lo hagas, porque serás un desgraciado el resto de tu vida; como en cualquier trabajo. A grandes rasgos más les explico lo siguiente. Por un lado es de los sectores con más demanda y con previsión de crecimiento en las próximas décadas. No es habitual encontrarse informáticos que lleven parados un largo periodo. Además, cada año surgen nuevas tecnologías las cuales demandan profesionales cualificados para ocupar nuevos puestos que hasta entonces no existían. Esto irá en aumento. Por otro lado, y como se ha podido comprobar en este libro, para, depende que puestos, se ha de tener un aguante especial. Te obliga a estar permanentemente al día y actualizado, y eso, o te apasiona el tema o acaba contigo. Tendrás mucha responsabilidad y es probable que seas un informático las 24 h., para la empresa y para familiares y amigos. Por no hablar de la tacaña remuneración que quizás recibas como he explicado.

Mi consejo es el siguiente. Ir a la especialización. Personalmente, lo "peor" que puedes ser es "el informático de la empresa"; ya que, como has leído, estás obligado aunque no estés formado para ello, a realizar cualquier cosa que te pidan. Serás "la putilla", "el comodín" para los más variados trabajos. Aquí no hay especialización posible. Como no hay nada escrito y los demás no saben hacerlo, tú serás el encargado de todo lo que se enchufe o lleve botones, sea un equipo informático o no. Pero lo peor será tratar con gente. Te encontrarás bellas personas pero también todo tipo de especímenes que en vez de tratarte como un compañero te tratarán como un recurso más a su servicio. Por supuesto hay quien te dirá que está encantado en su empresa y que le gusta lo que hace, incluso informáticos que van de un sitio a otro con una subcontrata matarían por estar "fijos" en una empresa. Eso cada uno verá. Pero, después de tantos años, veo claro que especializarte en una rama muy concreta quizás sea lo más inteligente si no quieres volverte loco. Ser el mejor en una única cosa al final es más placentero y satisfactorio que la locura de estar siempre haciendo un poco de todo y no ser maestro de nada. Si eres un apasionado programador sé el mejor, no te metas en un empresa donde "a lo mejor" programas algo, pero te dedicarás también a otras cosas que poco a poco te irán alejando de lo que te gusta.

Y, cuando ya sea el mejor, ¿Qué hago? Aprovechar esos conocimientos en beneficio propio. Es decir, si lo que te apasiona es la programación, como he comentado anteriormente, desarrolla tus propias aplicaciones y véndelas, ya sean apps o programas más complejos. Si al final lo que te tira es el comercio electrónico monta tu tienda y se tu propio jefe. Si derivas al marketing online o te especializas en redes sociales crea una empresa ofreciendo esos conocimientos. No se trata de ser un Jobs o un Musk, si no de ganar lo suficiente para mantenerte y tener tiempo para ti. Sé tu propio jefe, controla tu vida y tu tiempo, y tú establecerás los límites para no tener que oír durante el resto de tu vida al usuario de turno:

- ¡¡¡EEEEhhhh!!!!... ¡¡¡¡que se ha jodido la impresora!!!!!

¡Gracias!

Gracias por el tiempo que has empleado en leer este libro. Quizás no has aprendido nada, quizás sí. Lo que si espero es que al menos hayas pasado un buen rato y te haya hecho reflexionar un poco. Puedes dejar tu opinión en la página de este libro en Amazon, yendo un poco hacia abajo en el apartado "Opiniones de los clientes" – "Escribir mi opinión" en Amazon.es o en "Customer Reviews" – "Write a Customer Review" en Amazon.com

Si tienes cualquier consulta o comentario también puedes dirigirte a mí directamente al correo: leroylibros@gmail.com

www.ingramcontent.com/pod-product-compliance
Lightning Source LLC
LaVergne TN
LVHW022316060326
832902LV00020B/3506